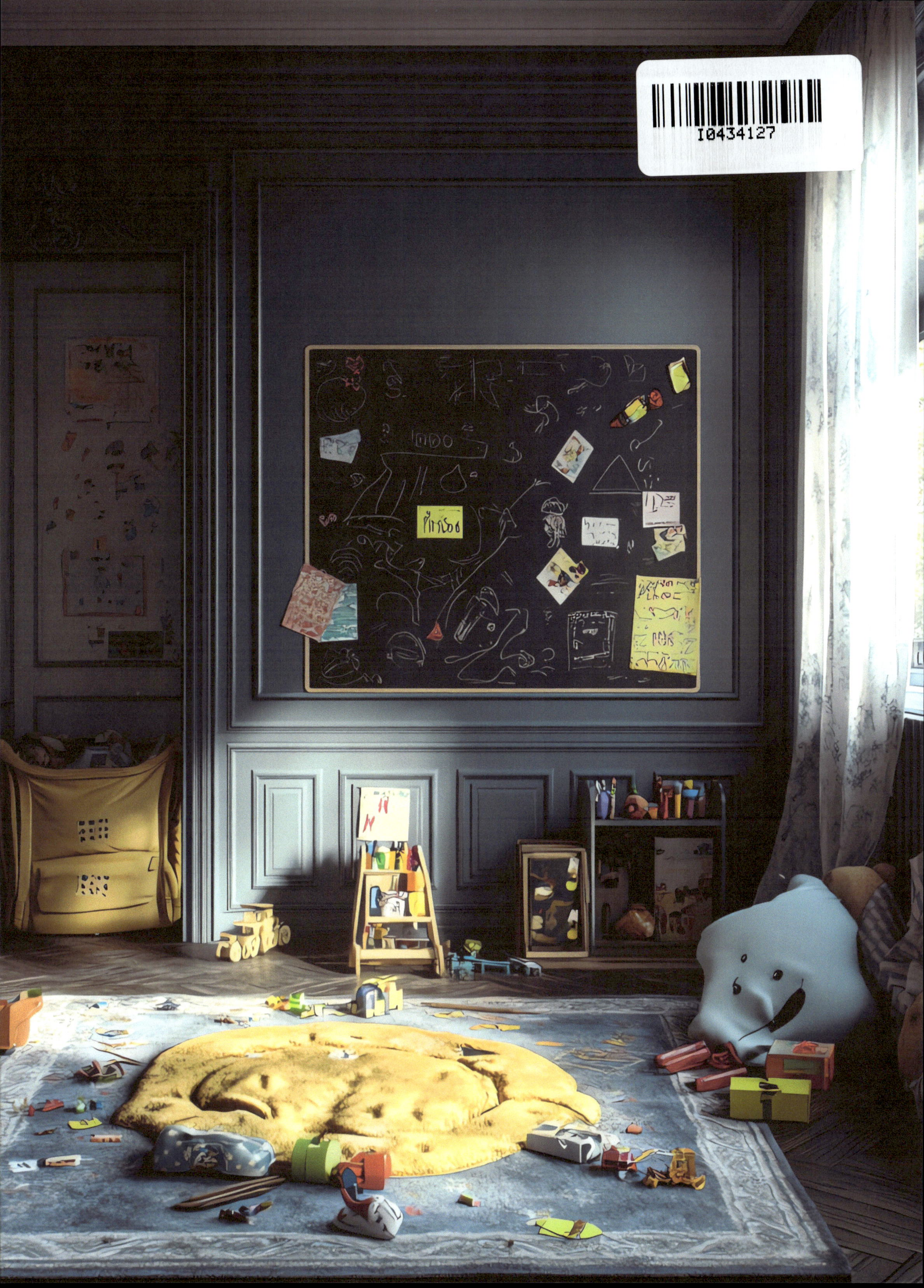

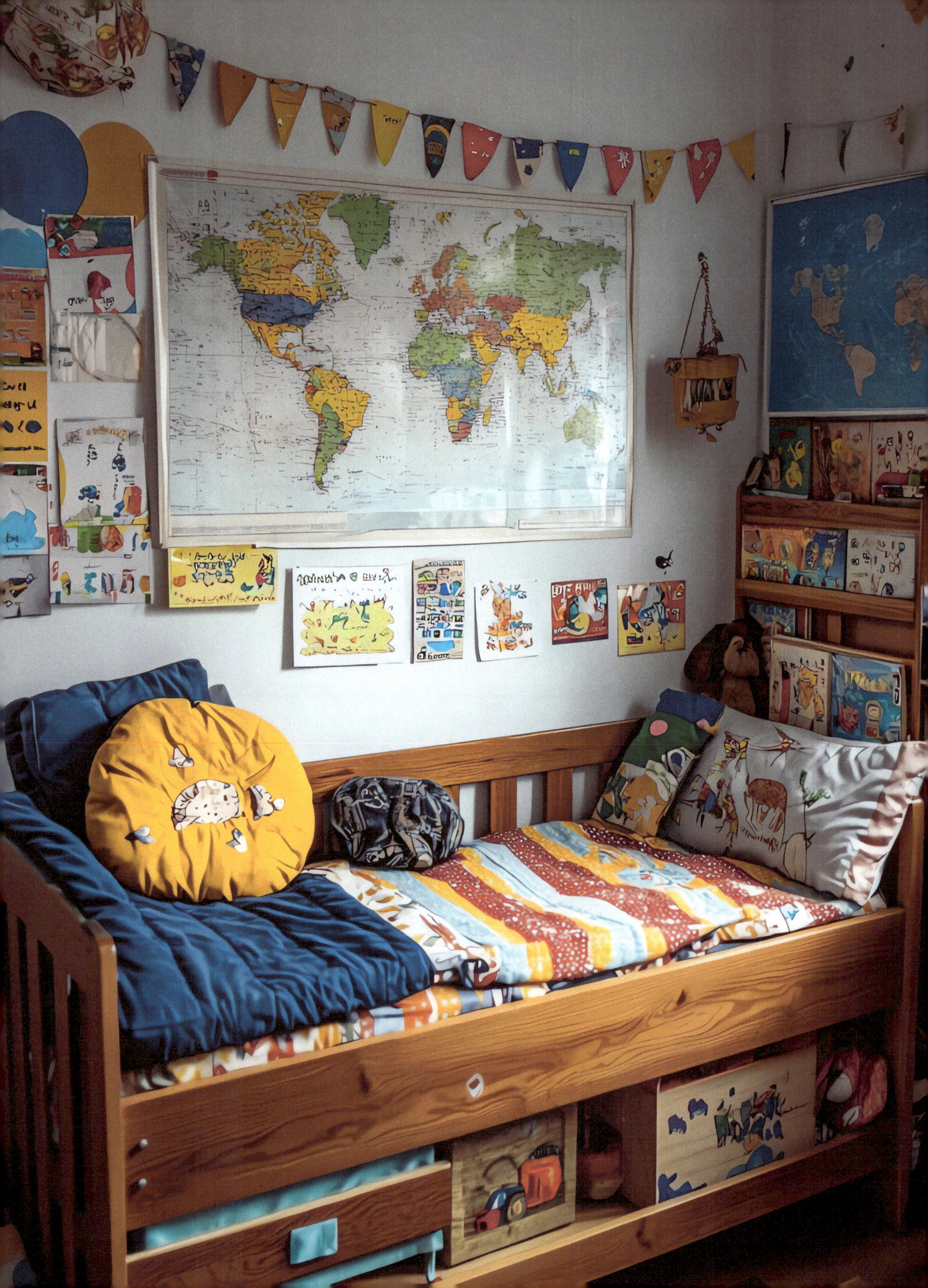

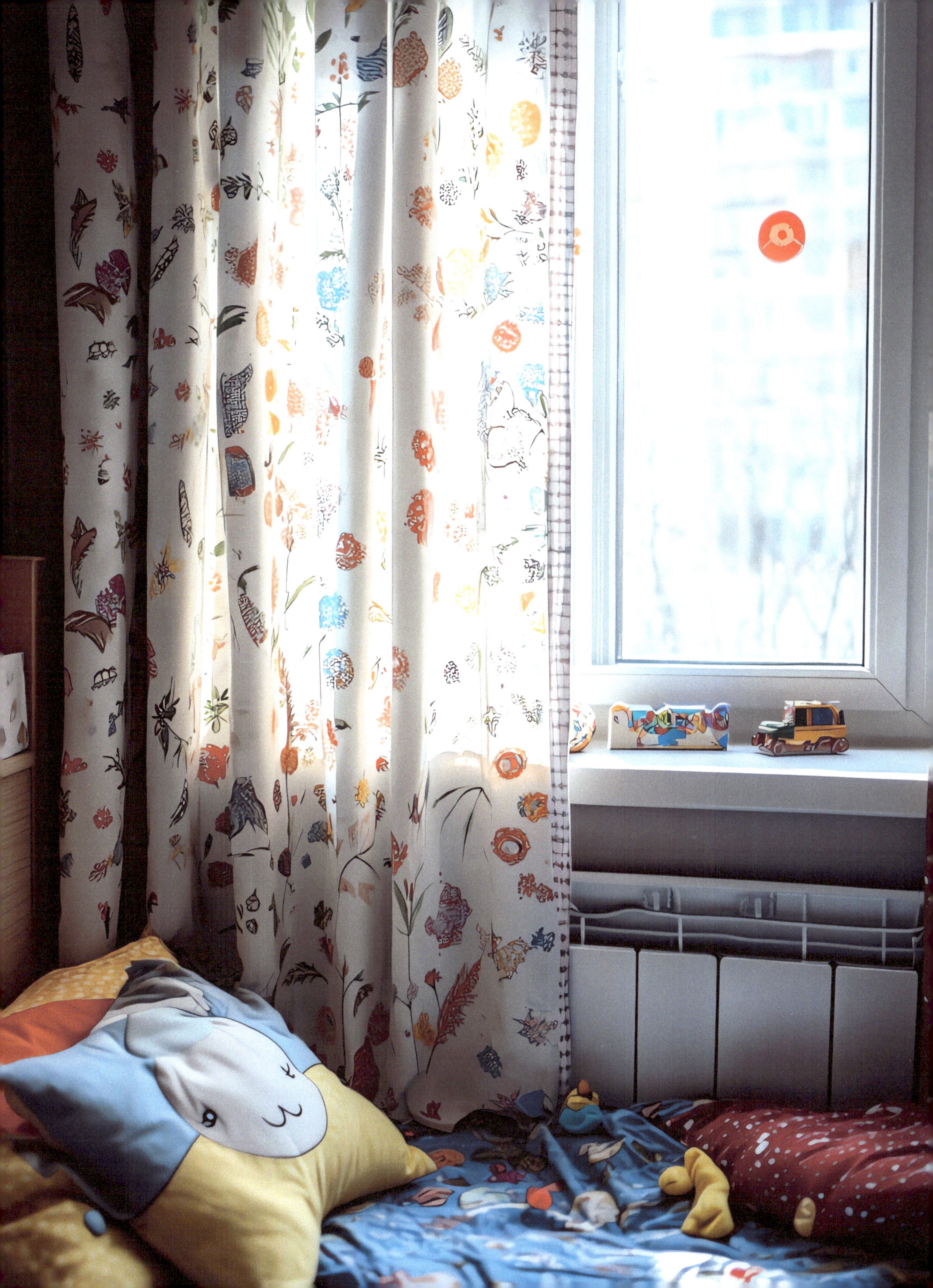

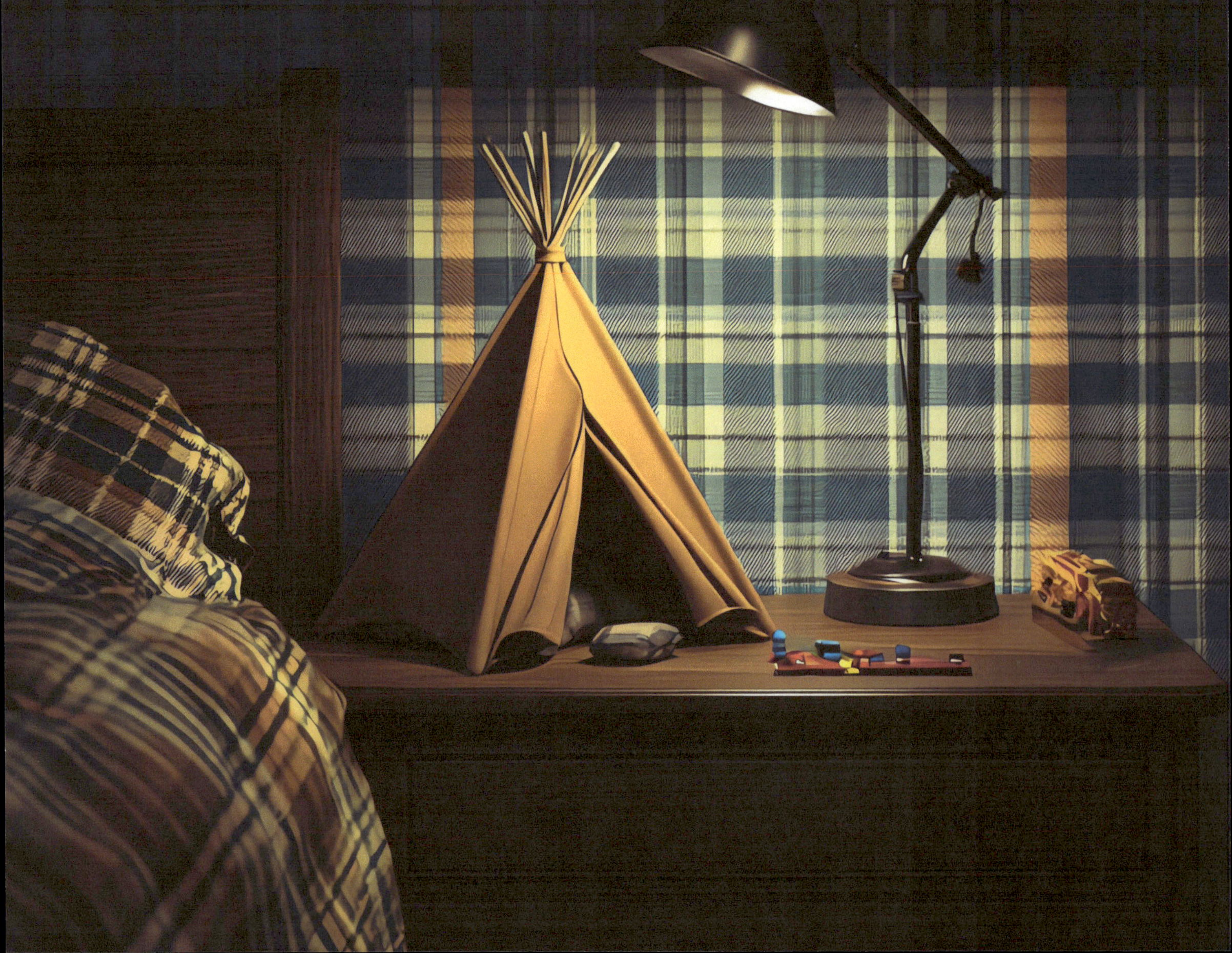

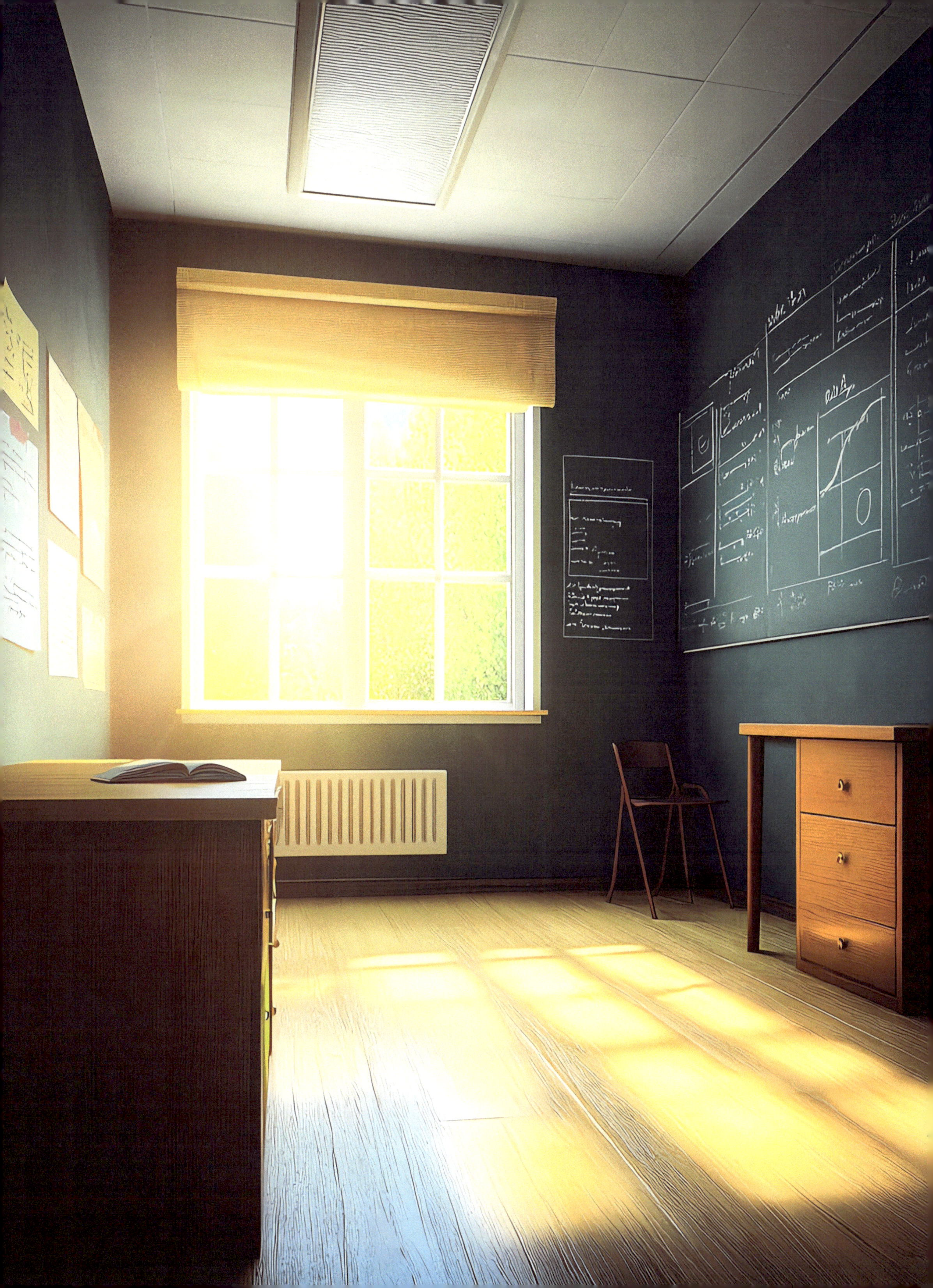

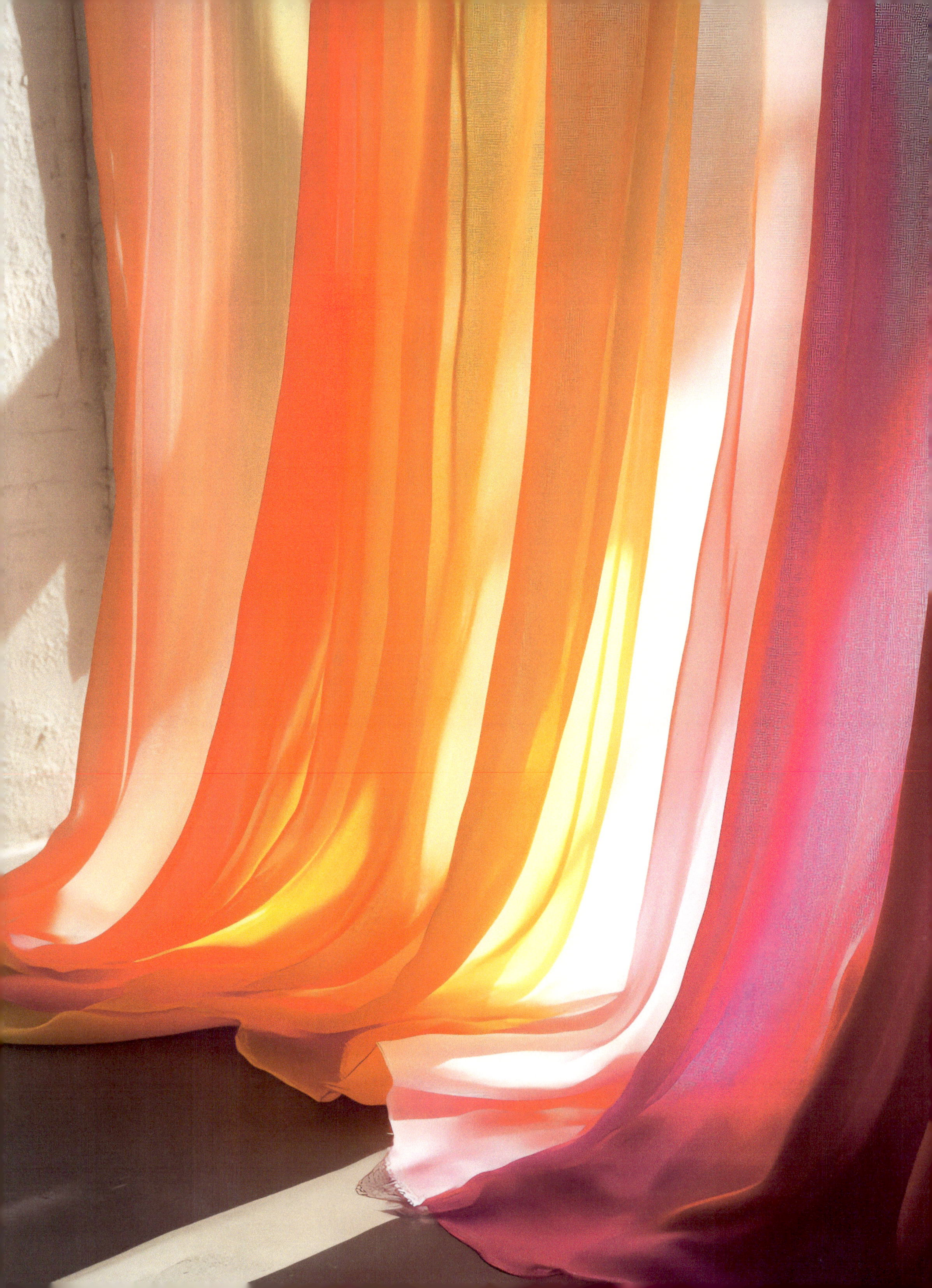

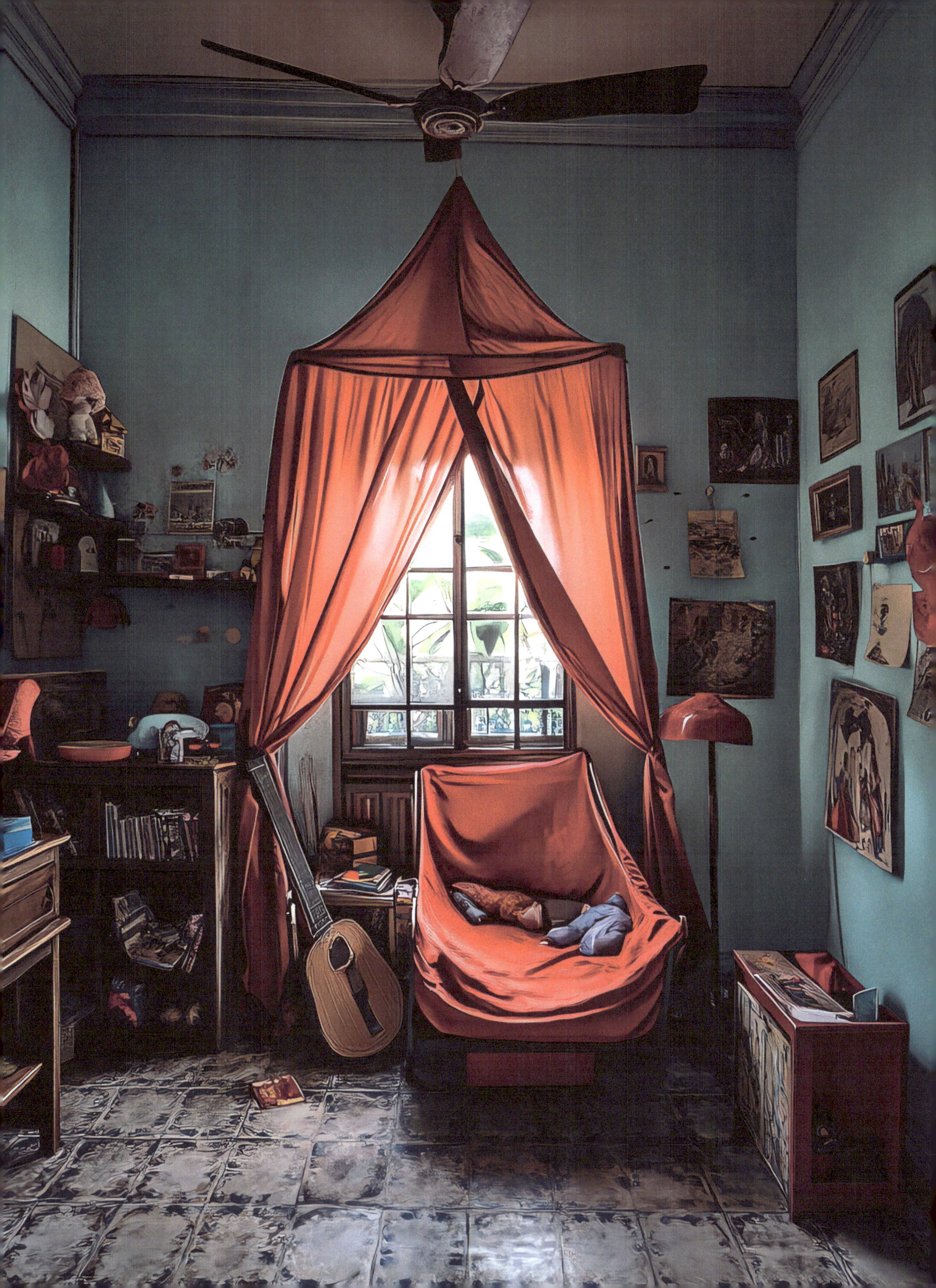

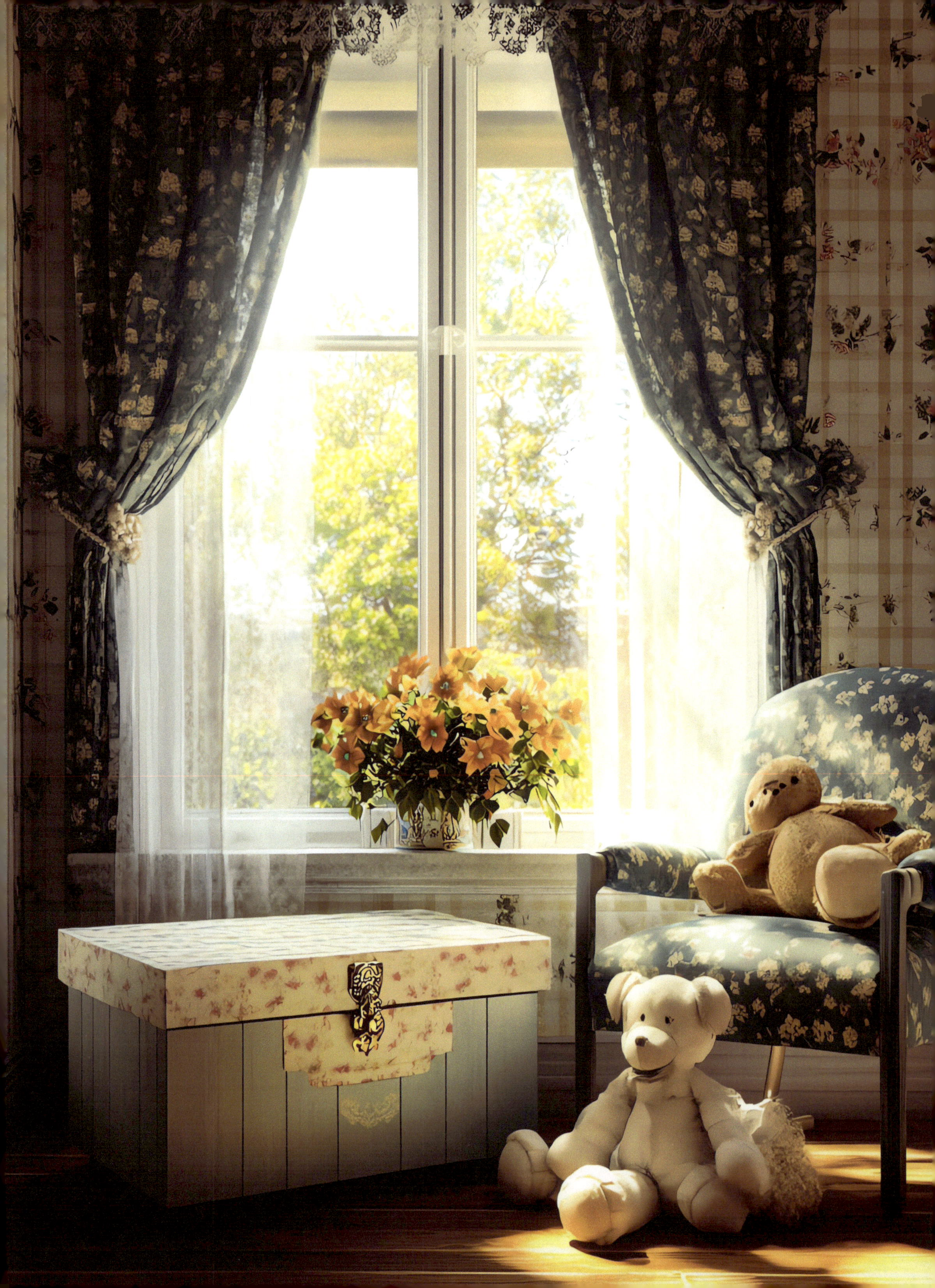

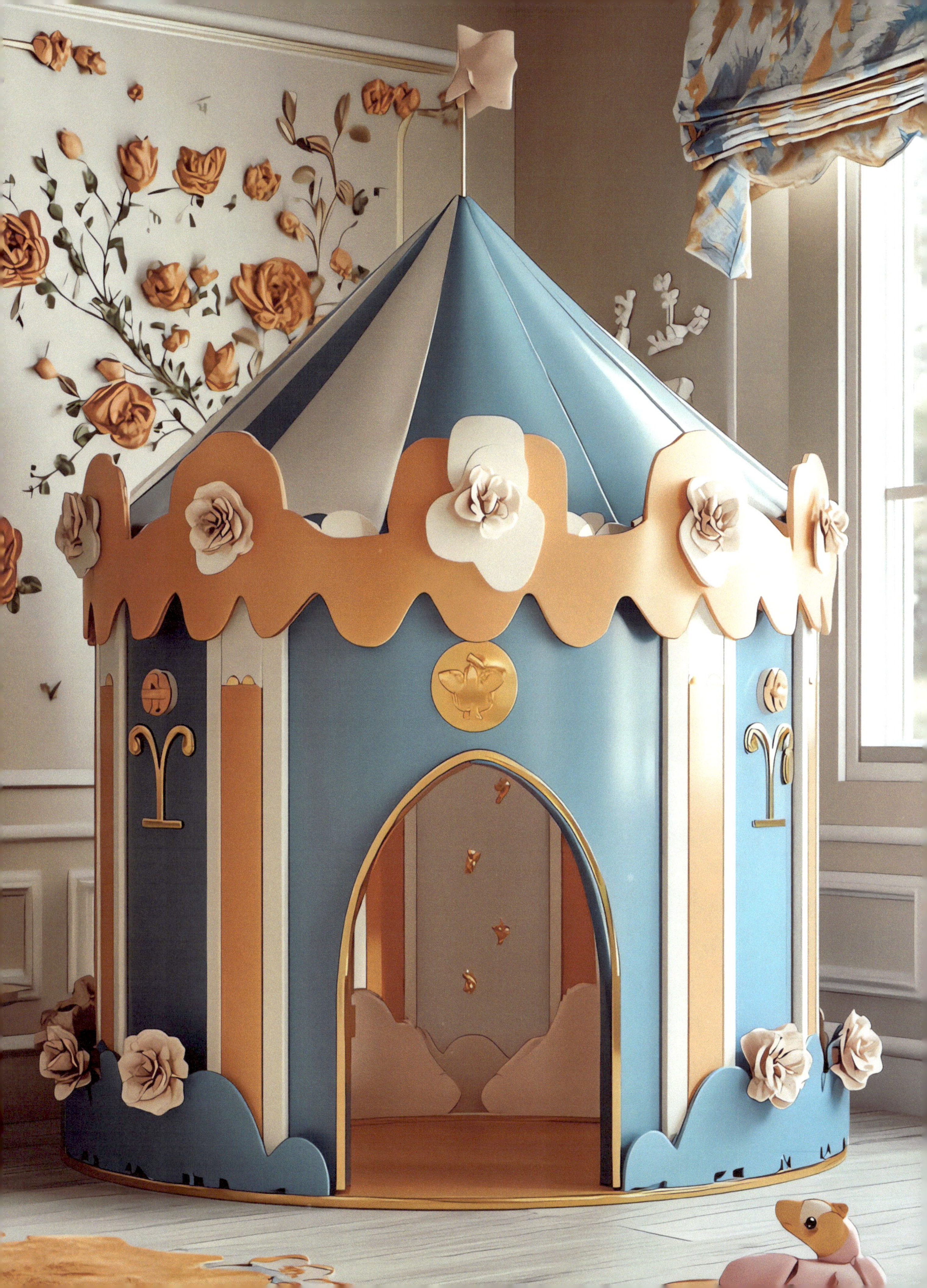

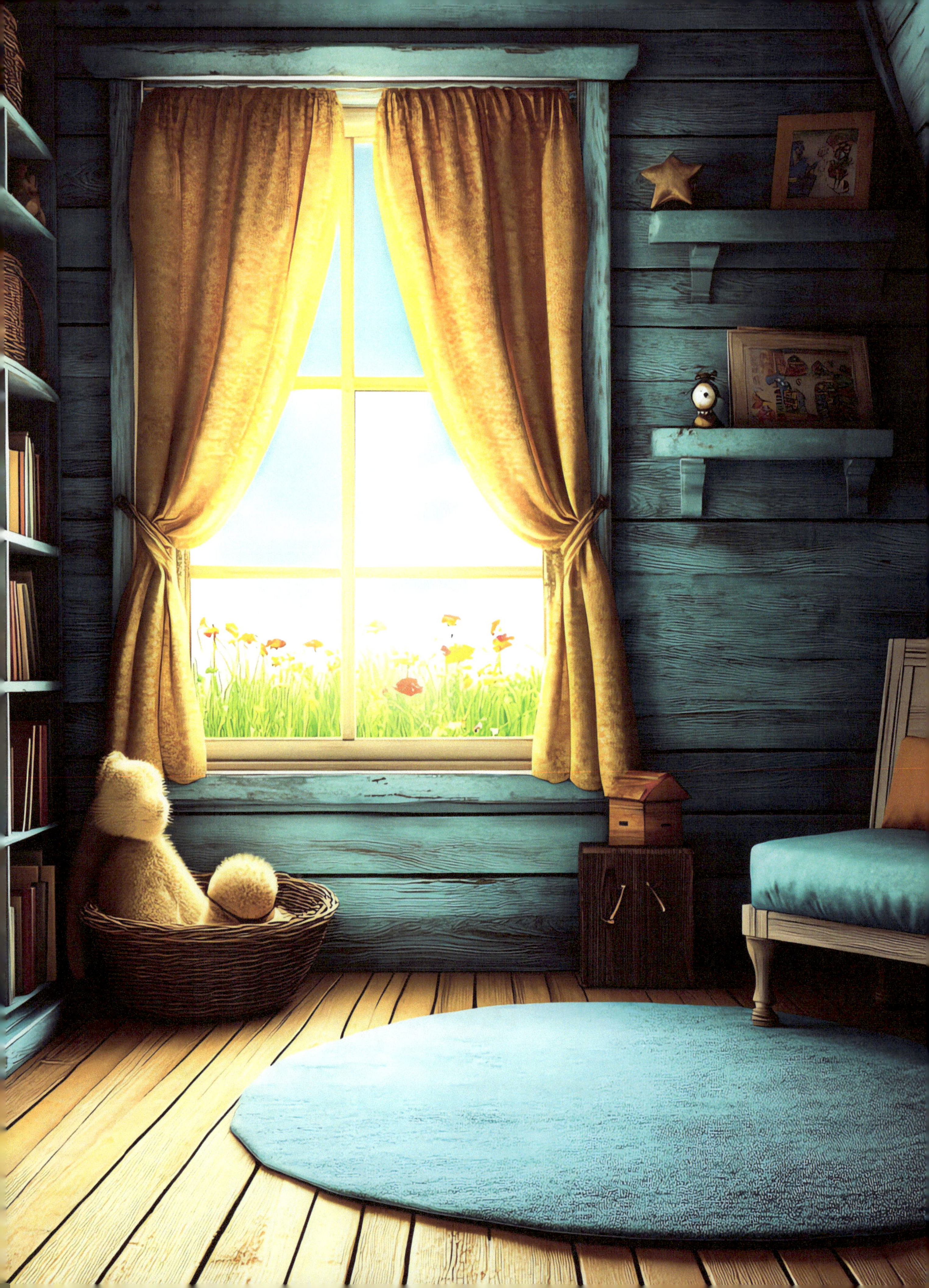

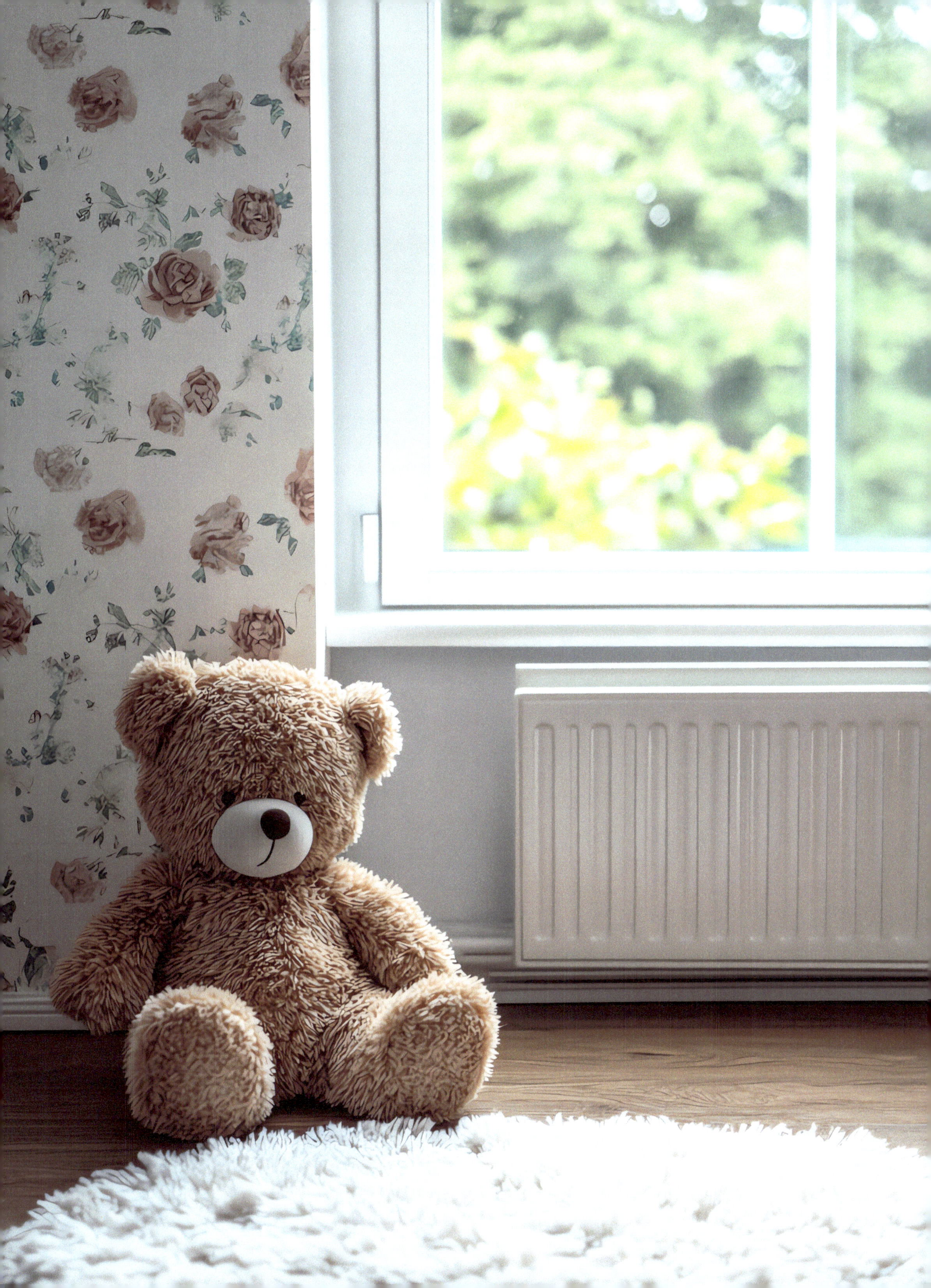

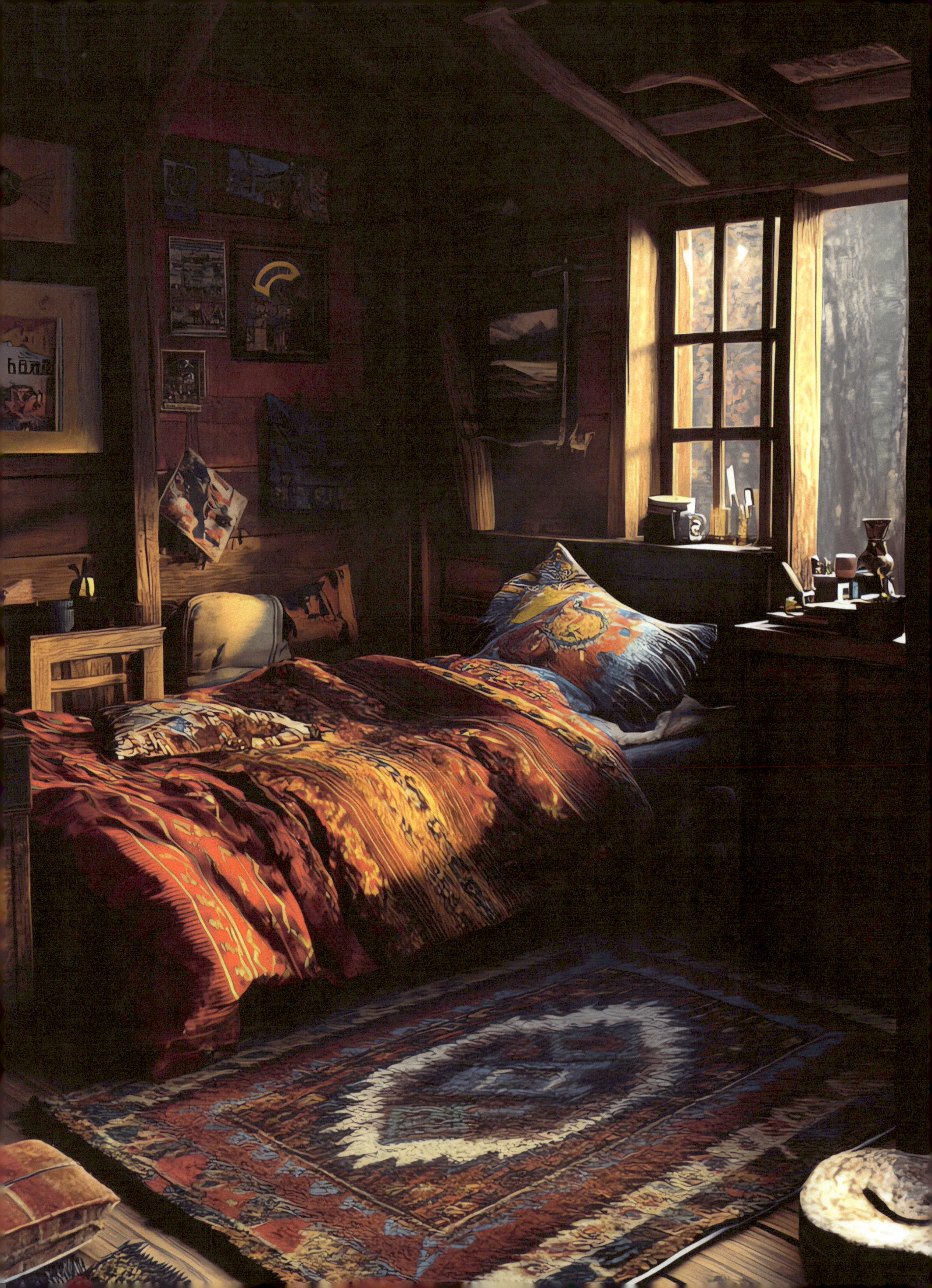

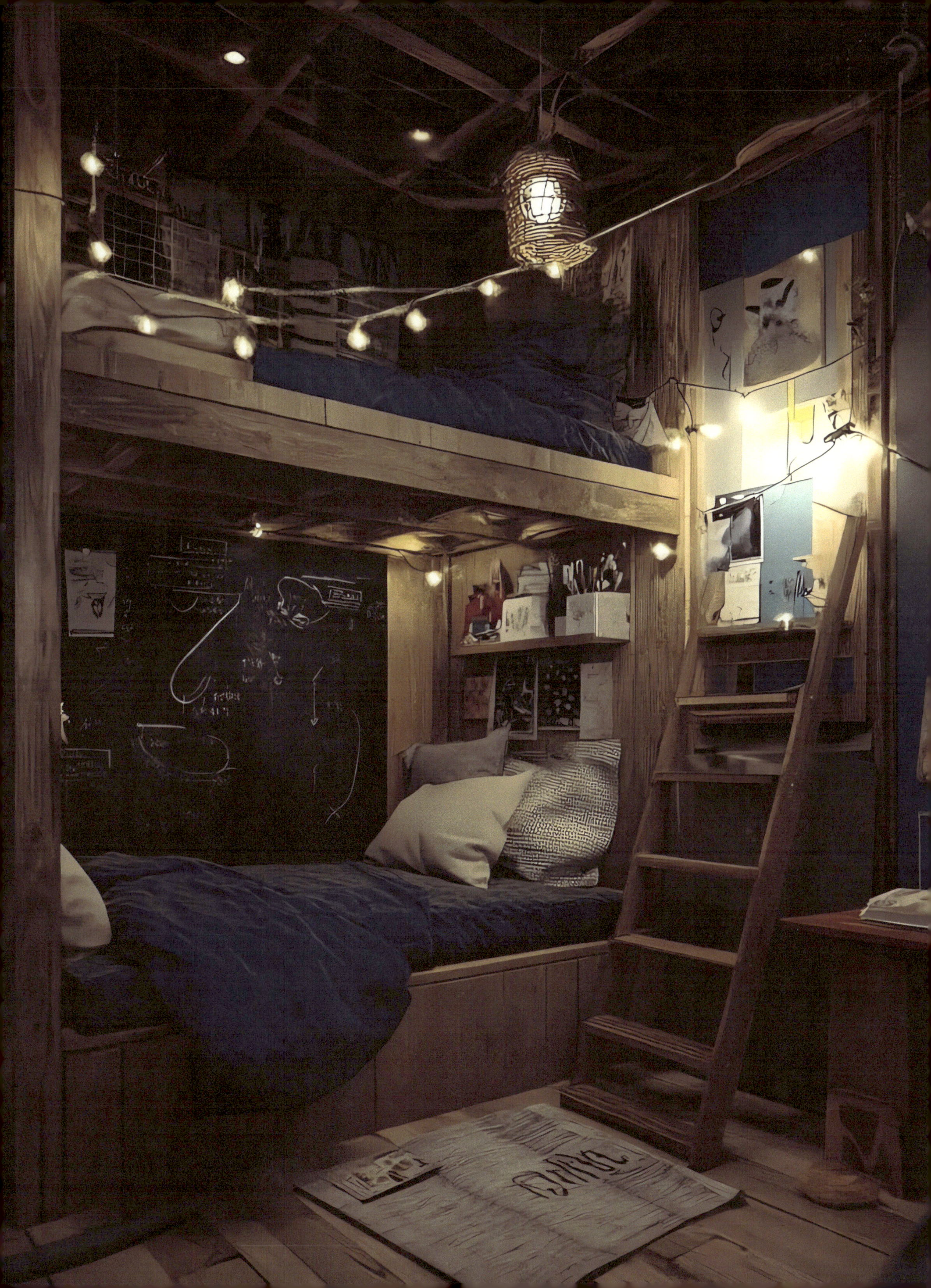

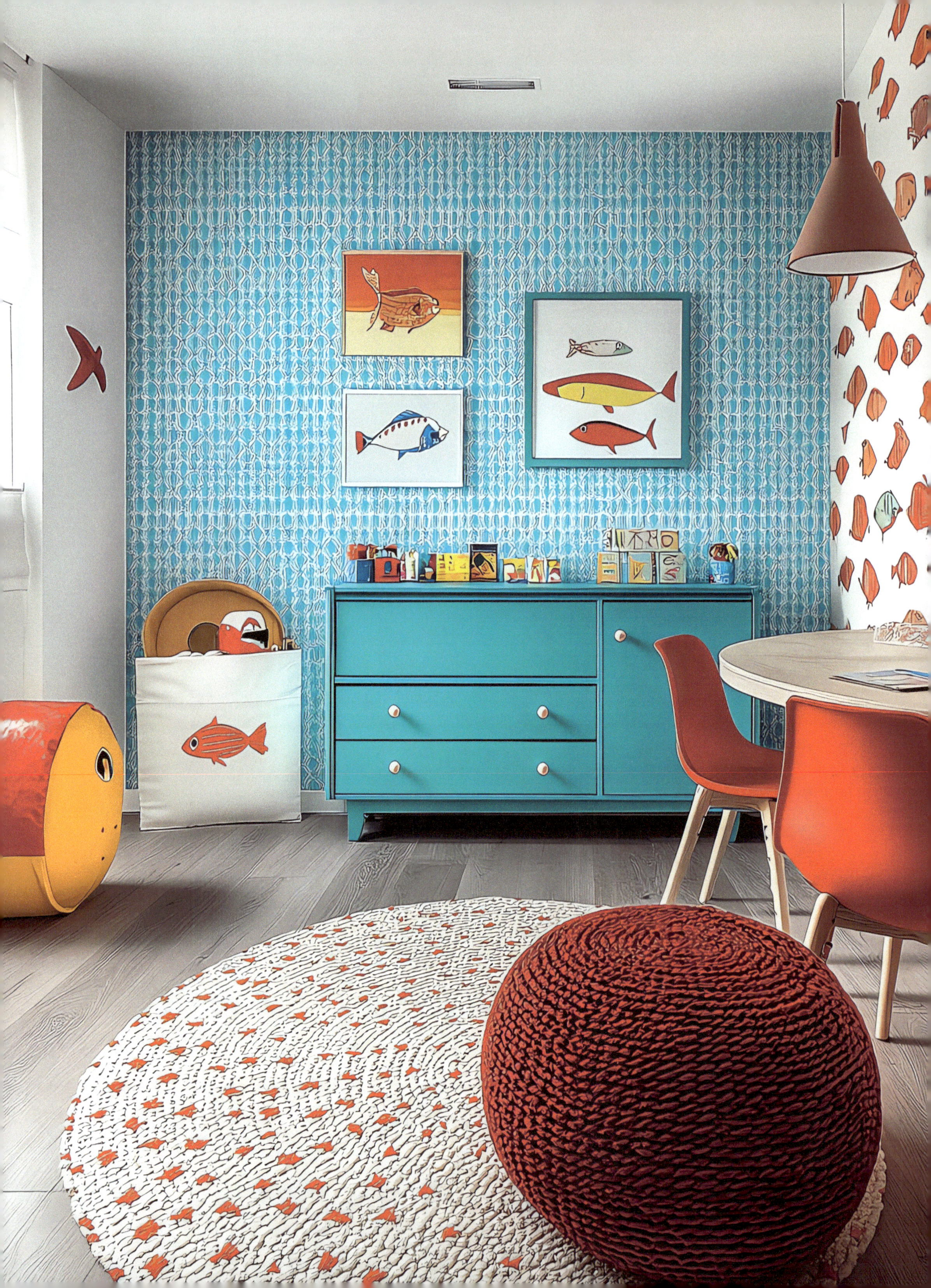

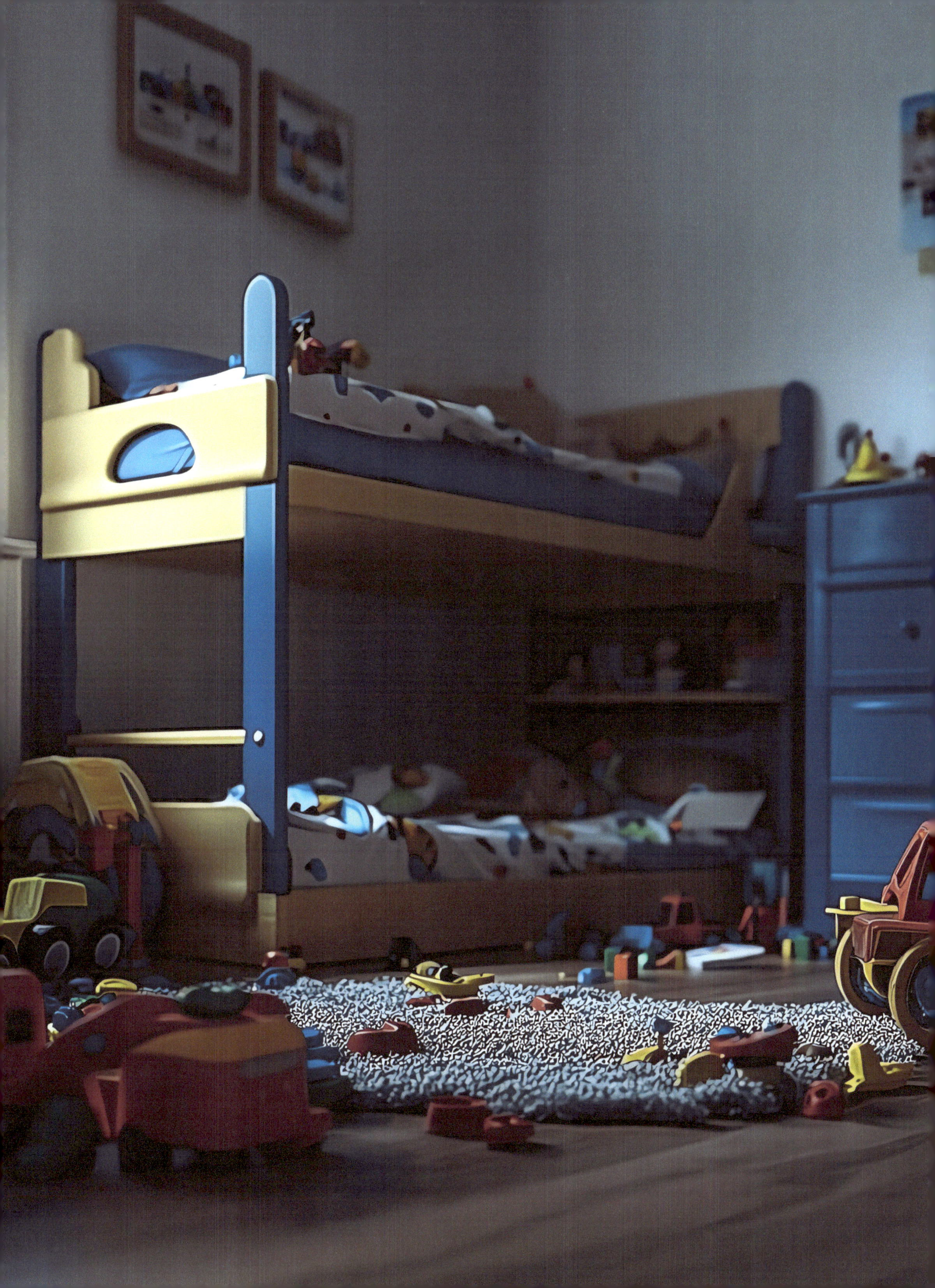

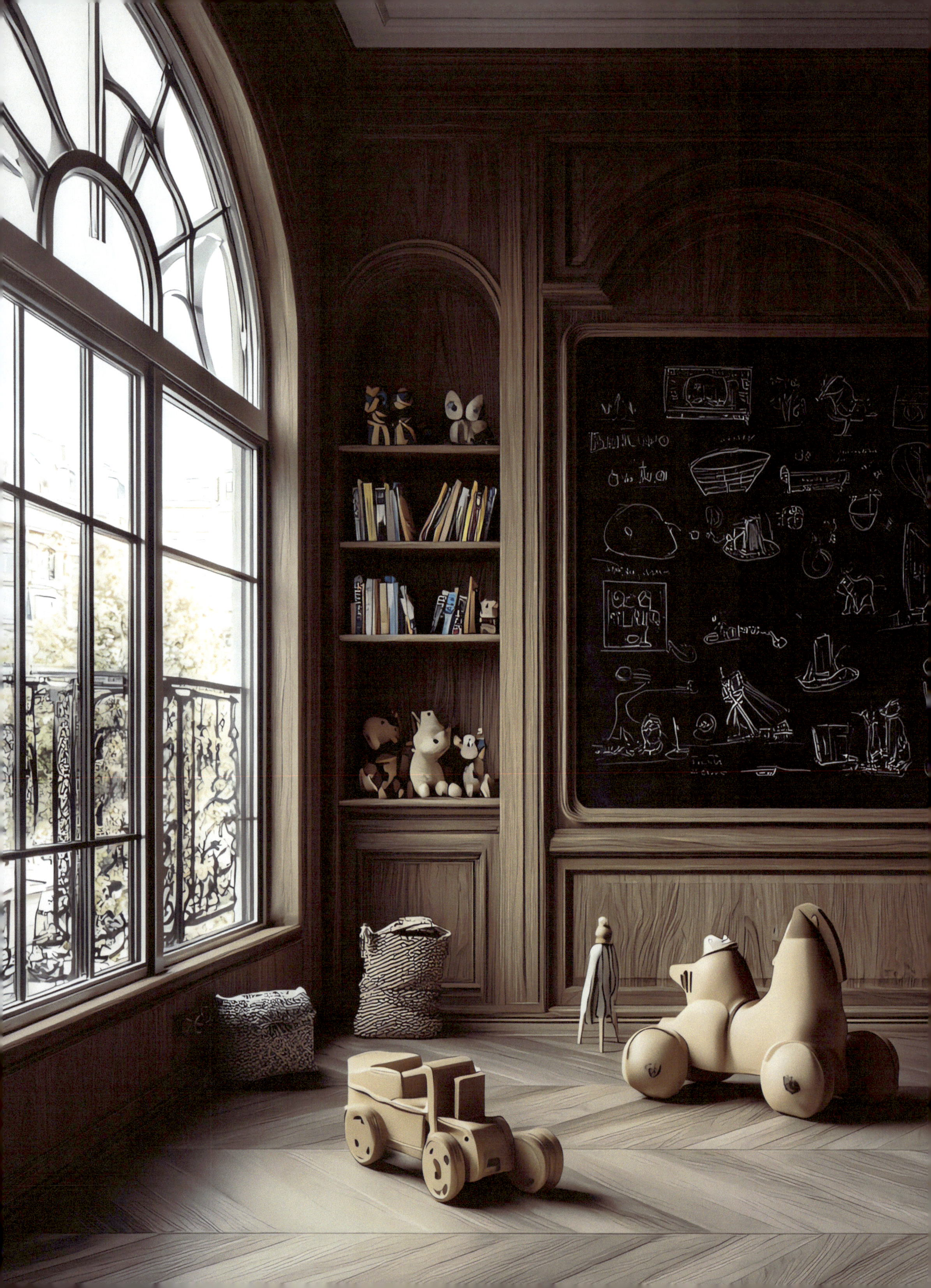

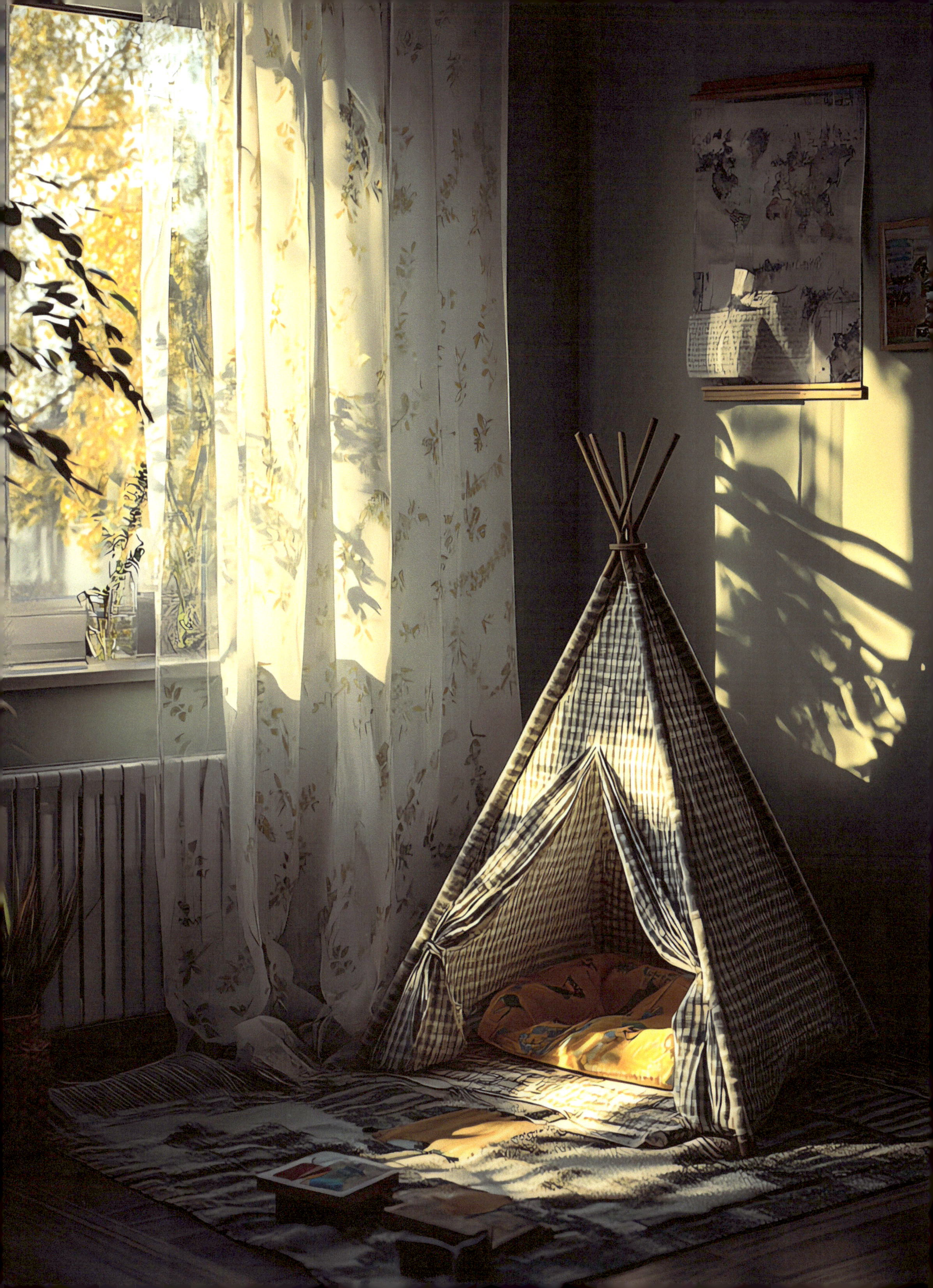

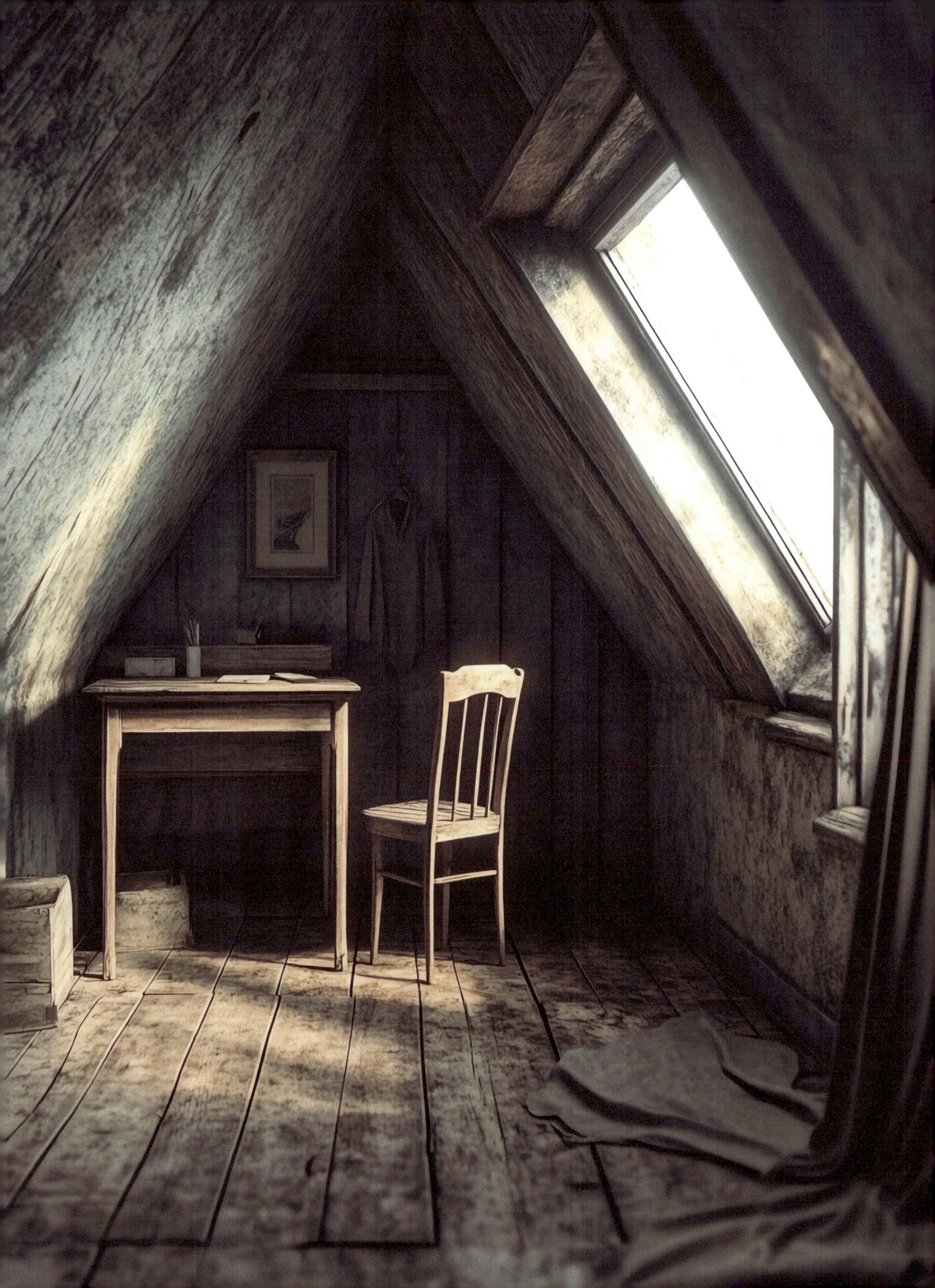

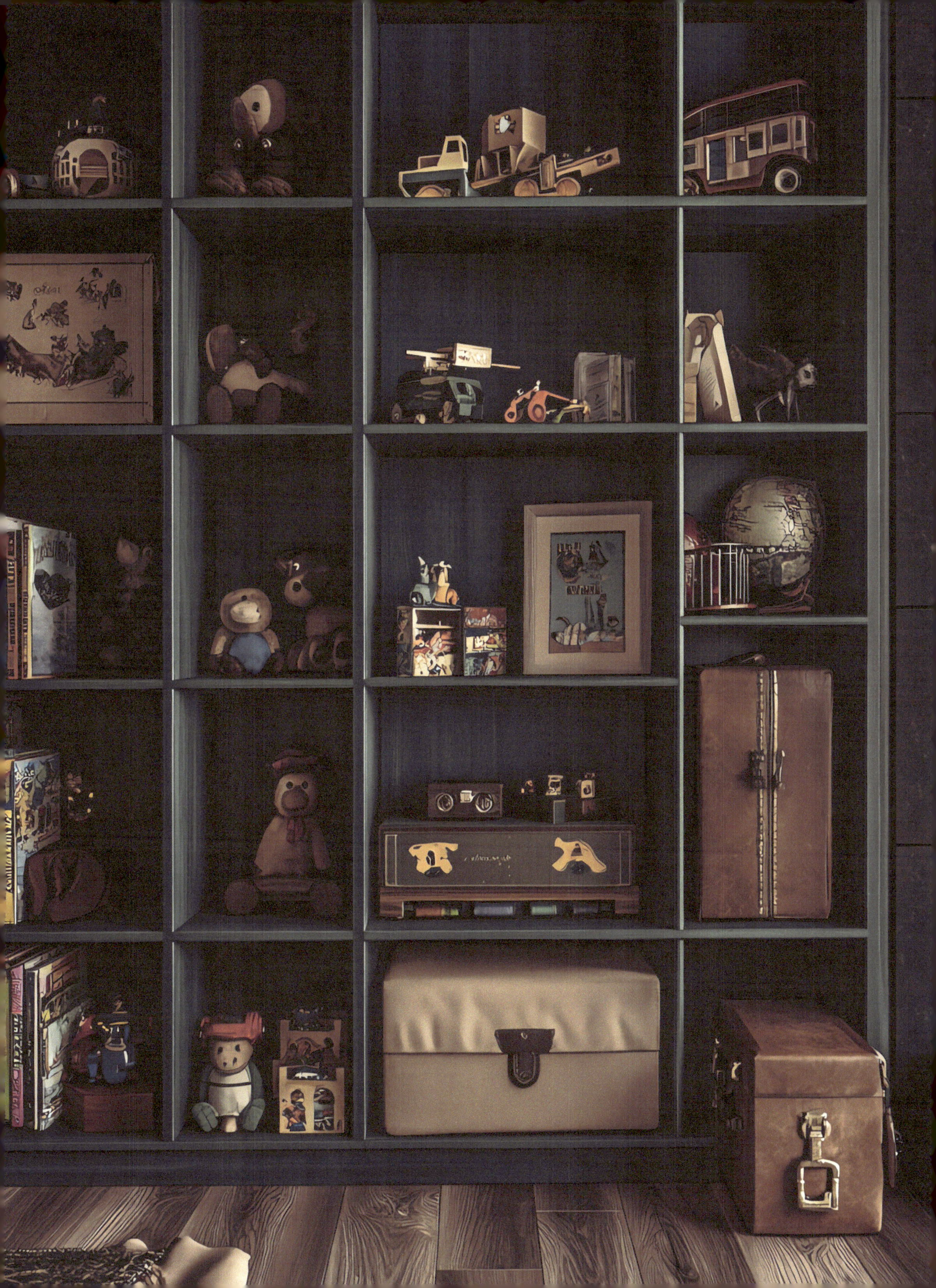

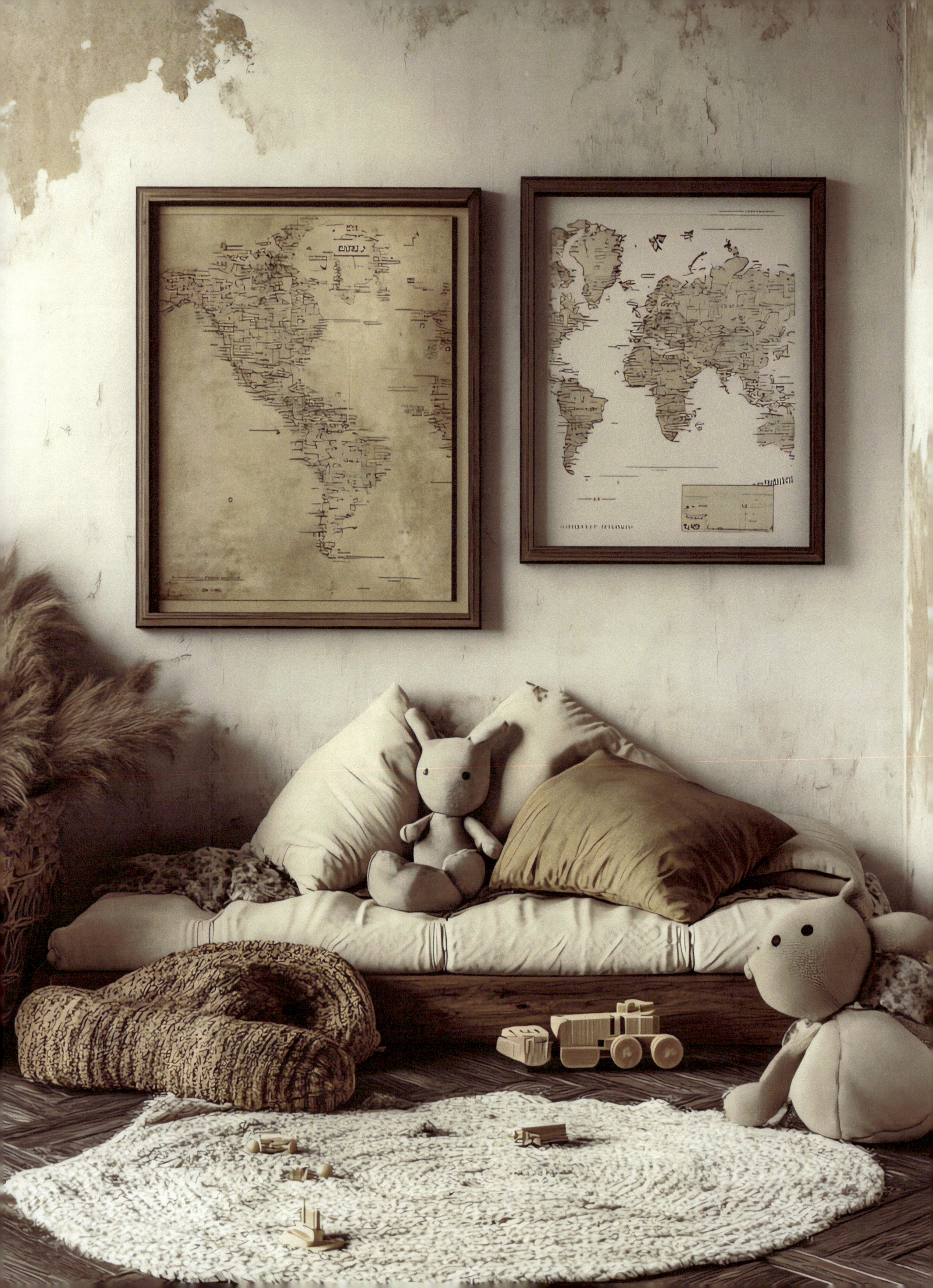

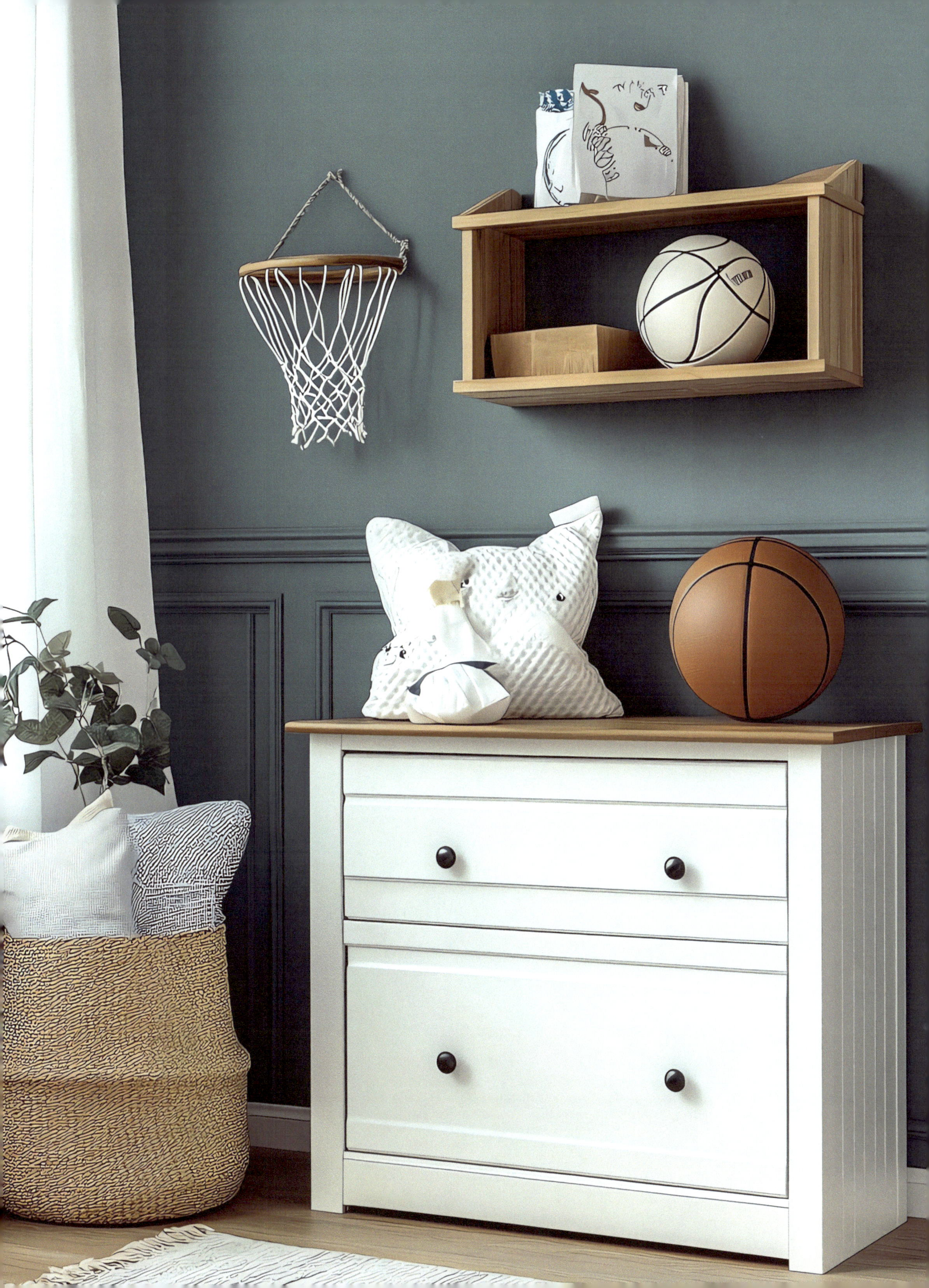

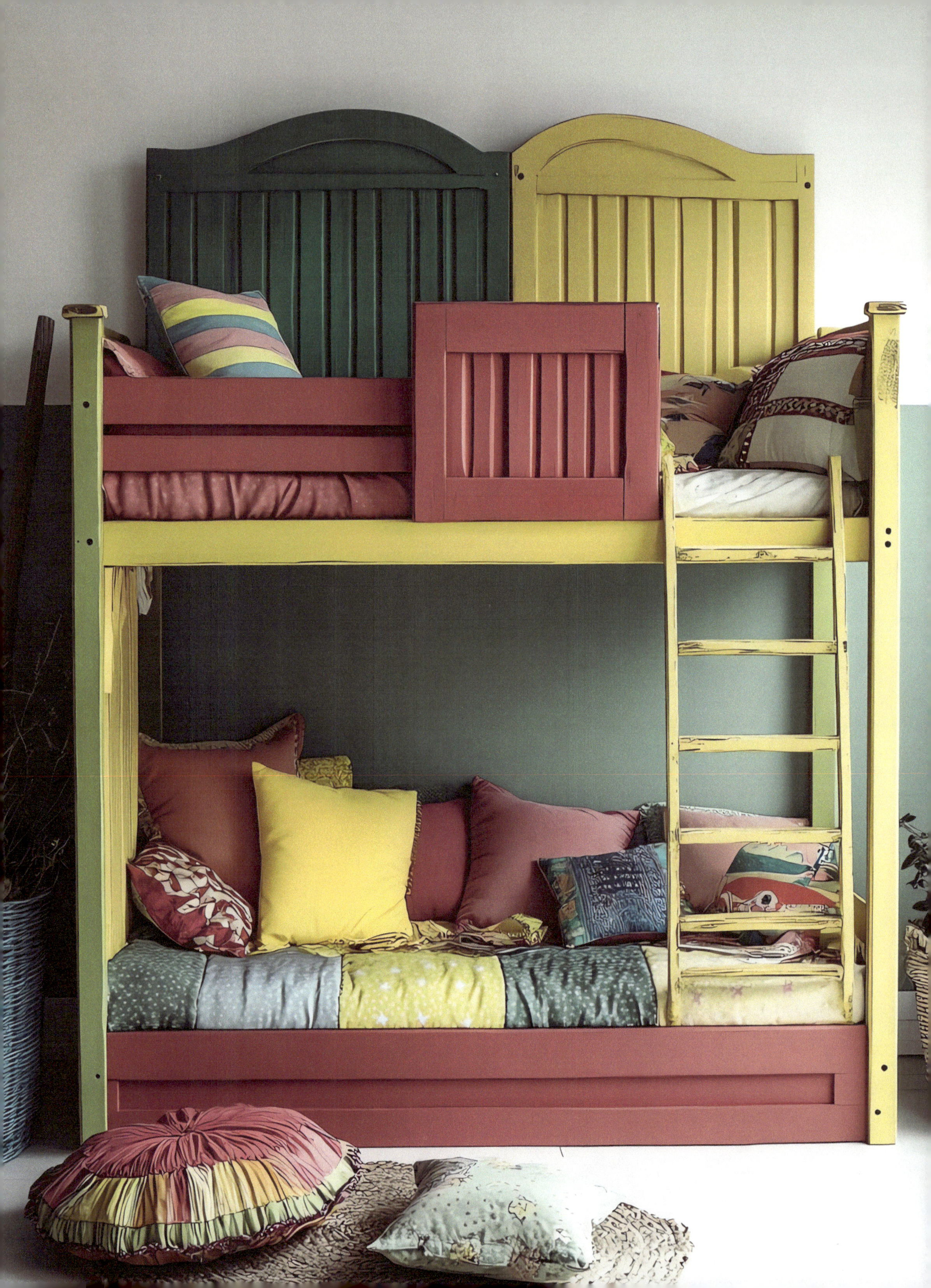

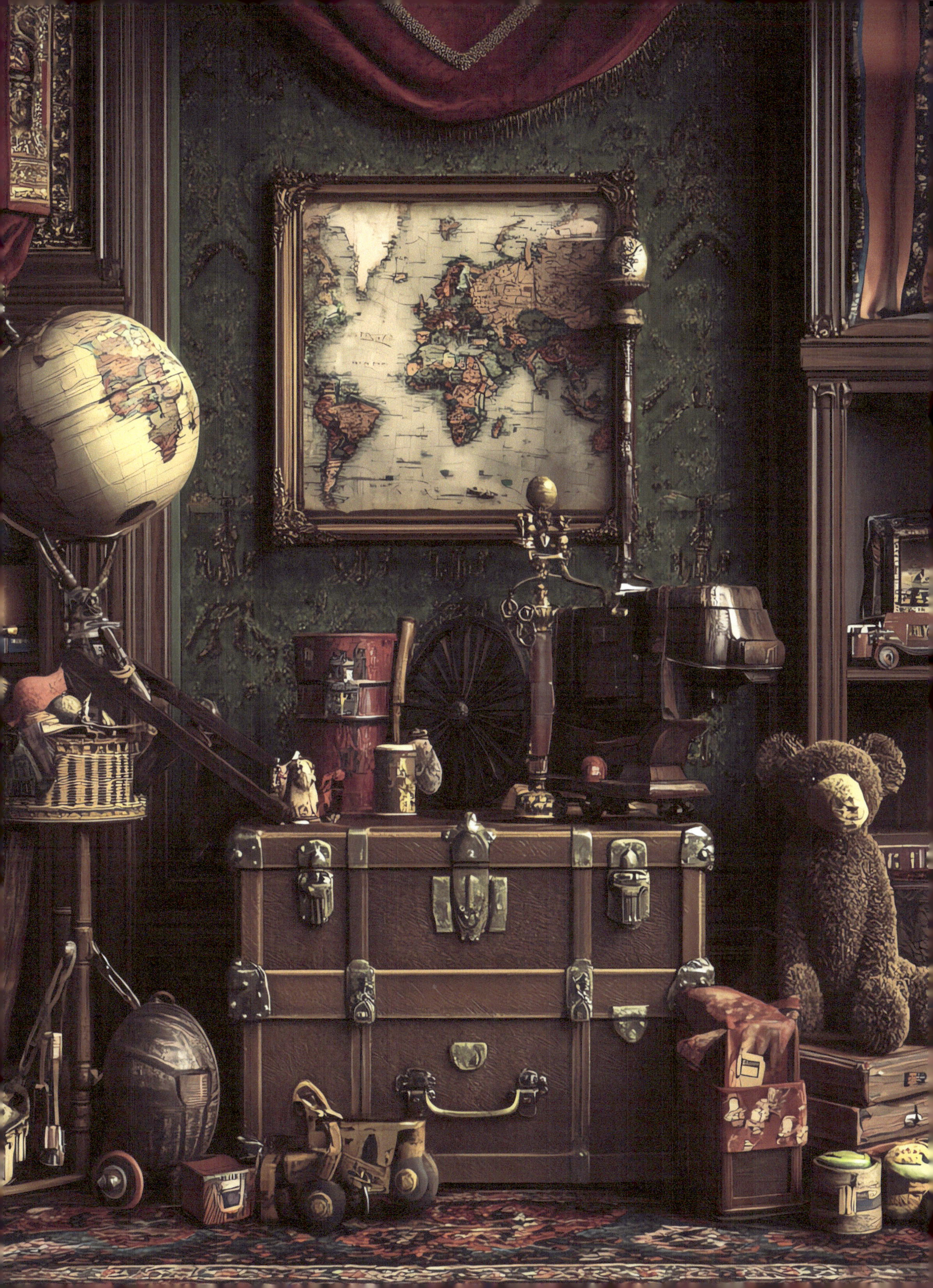

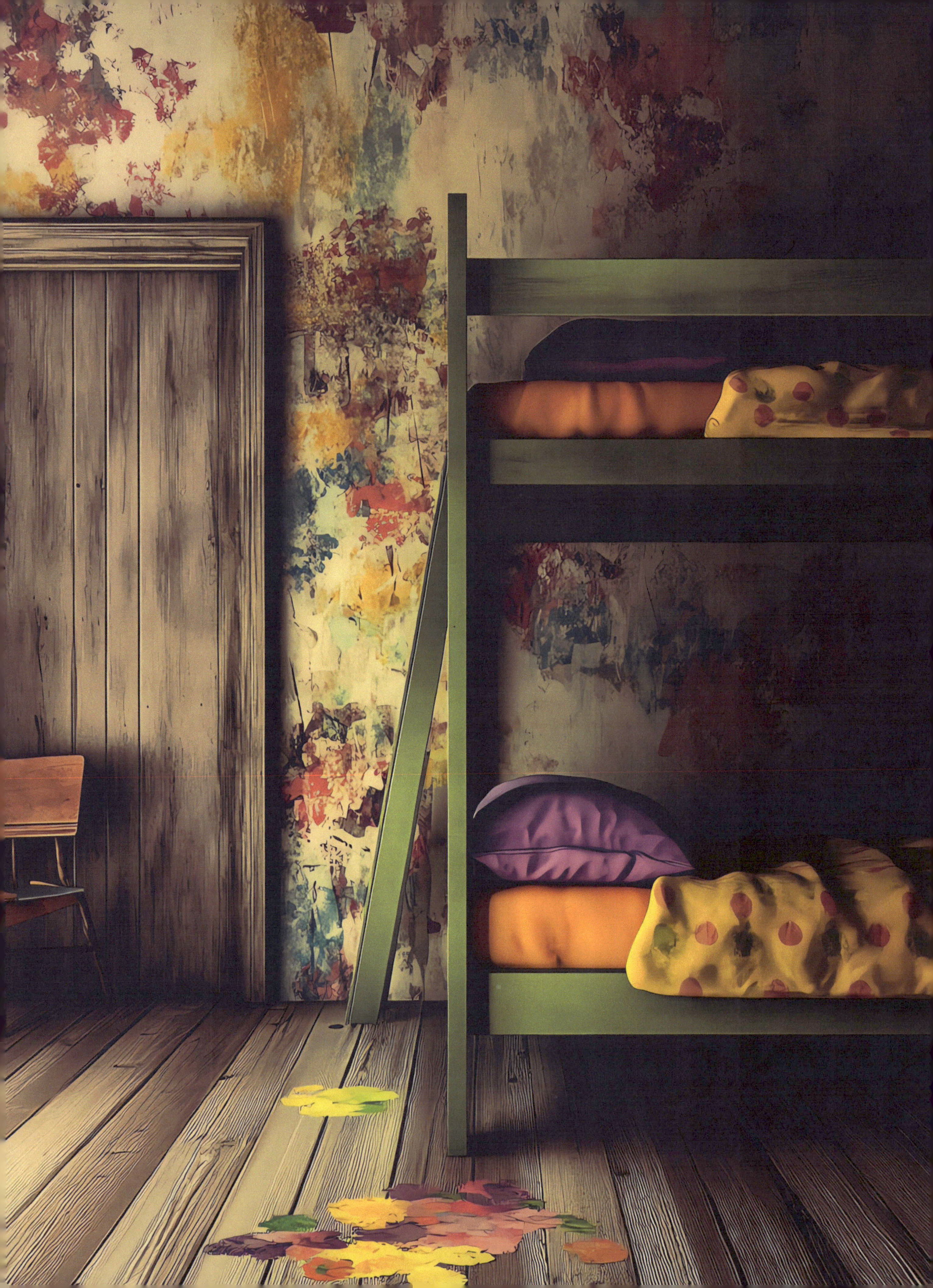

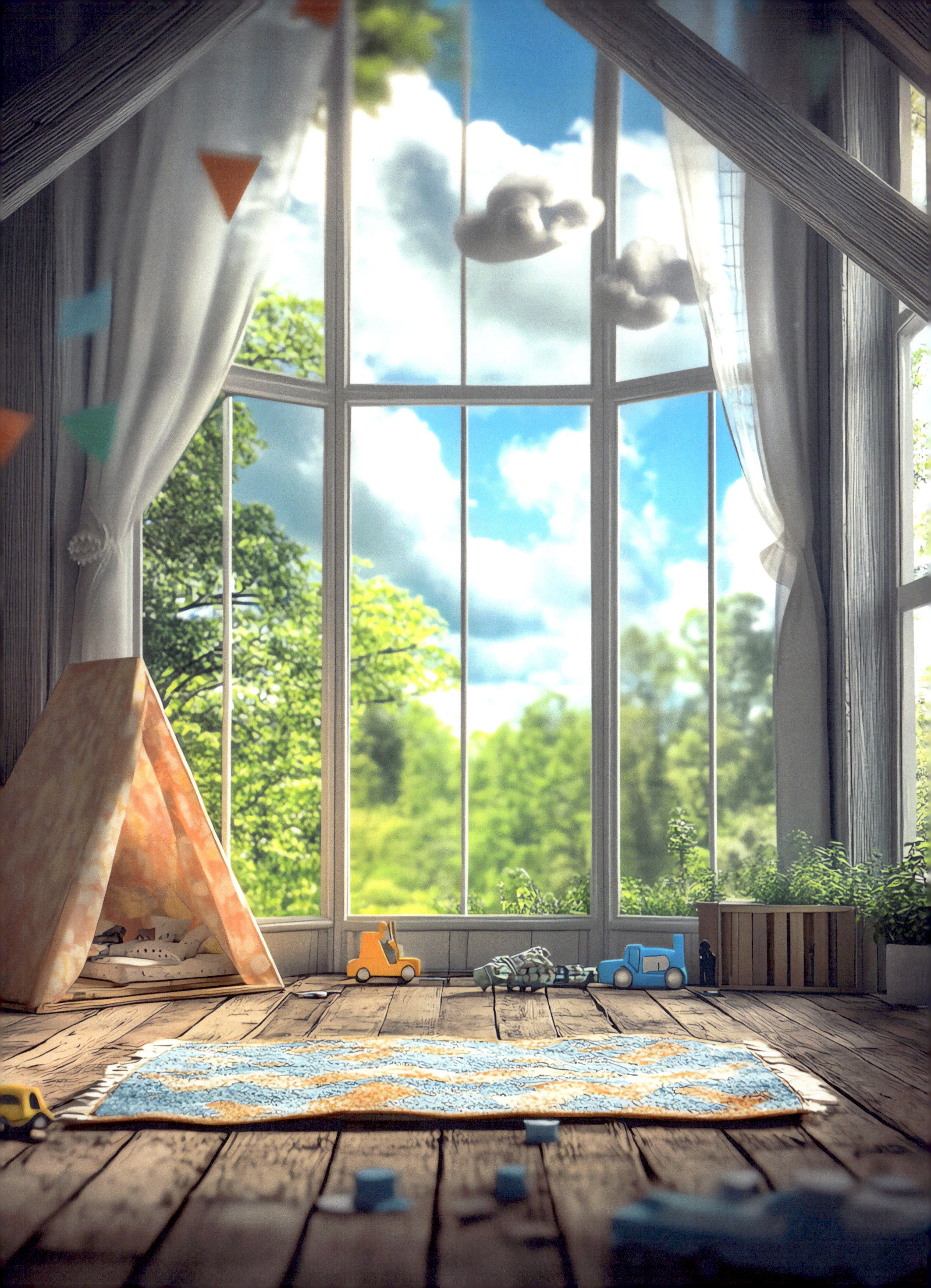

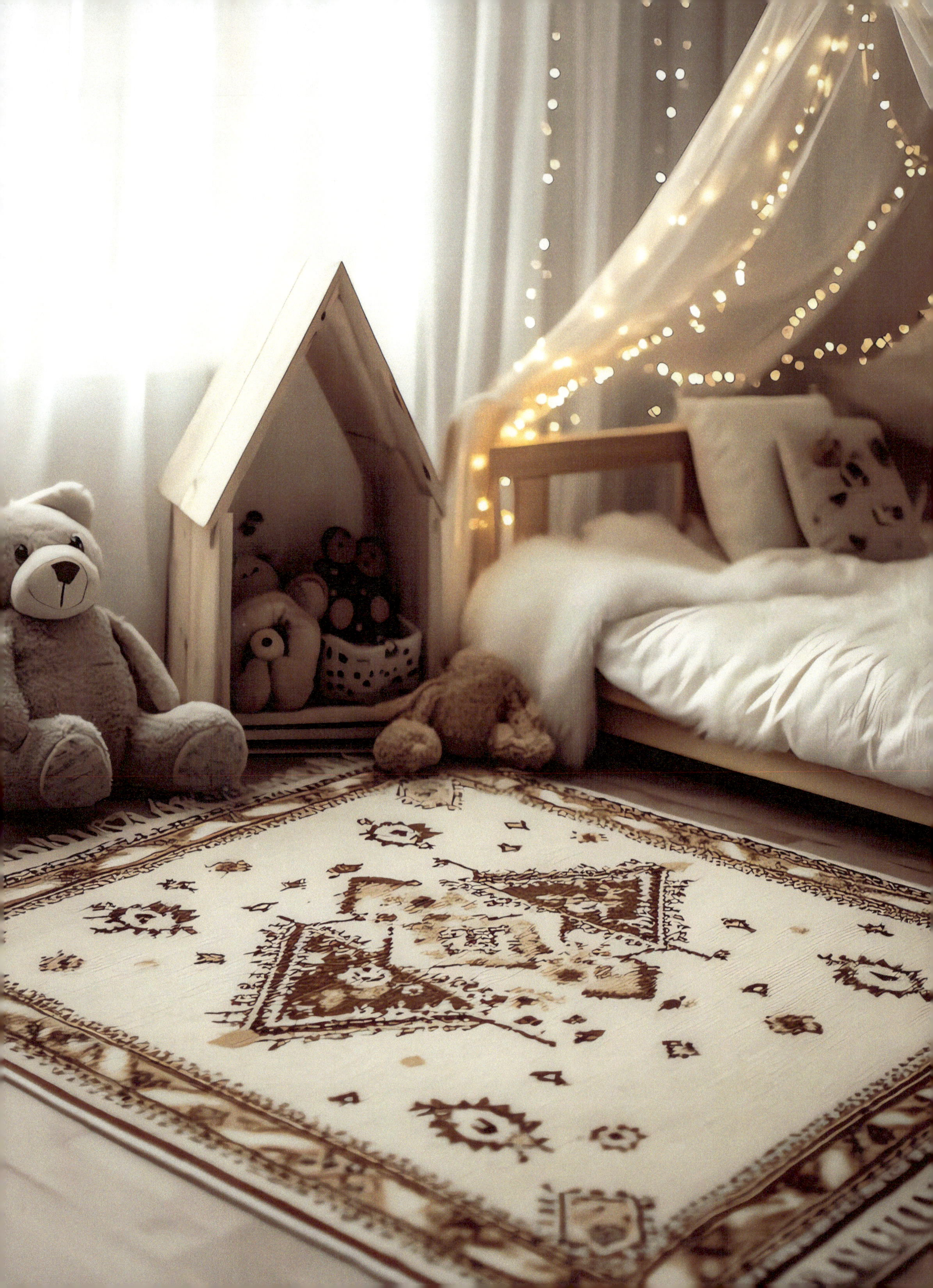

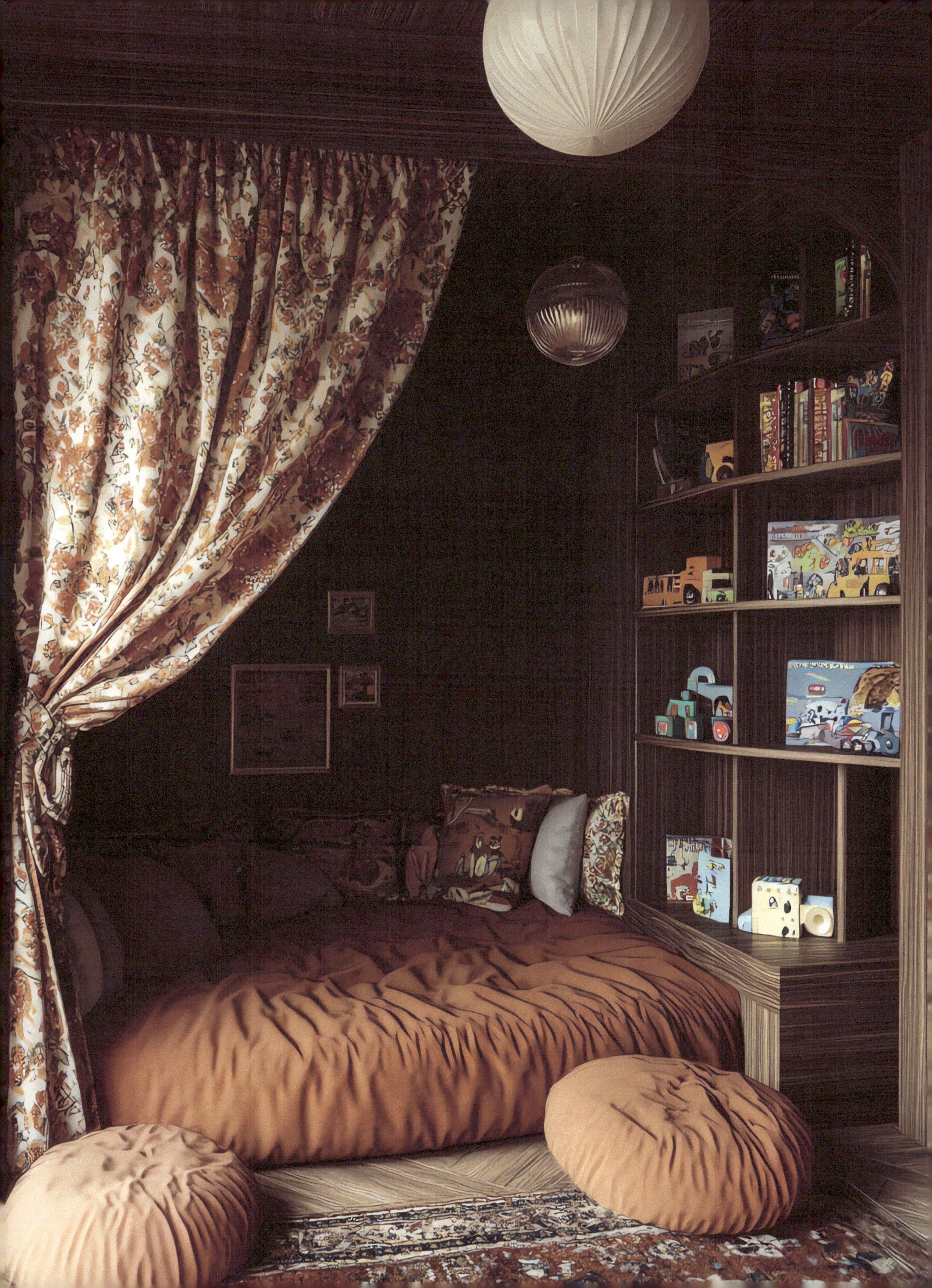

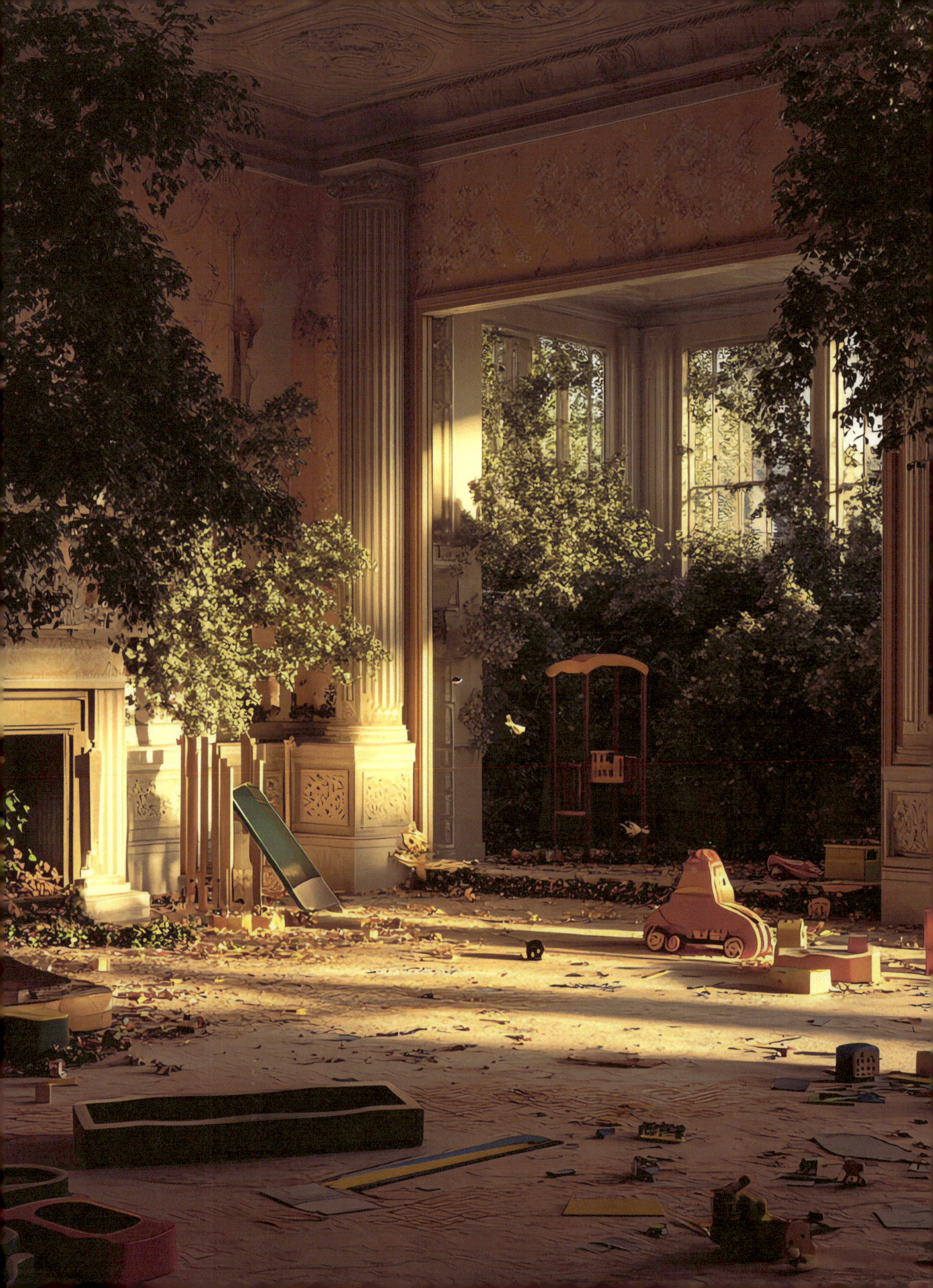

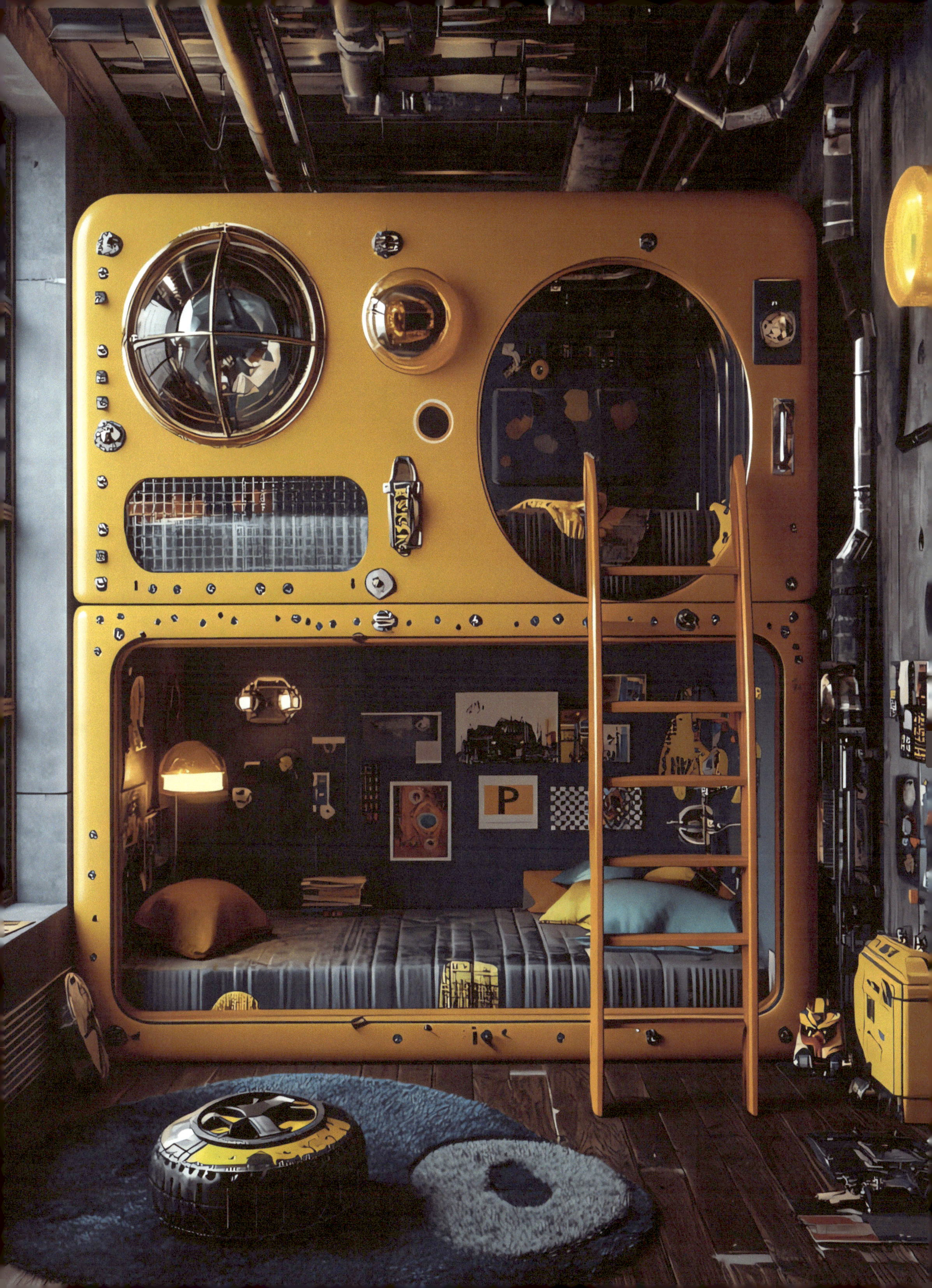
P

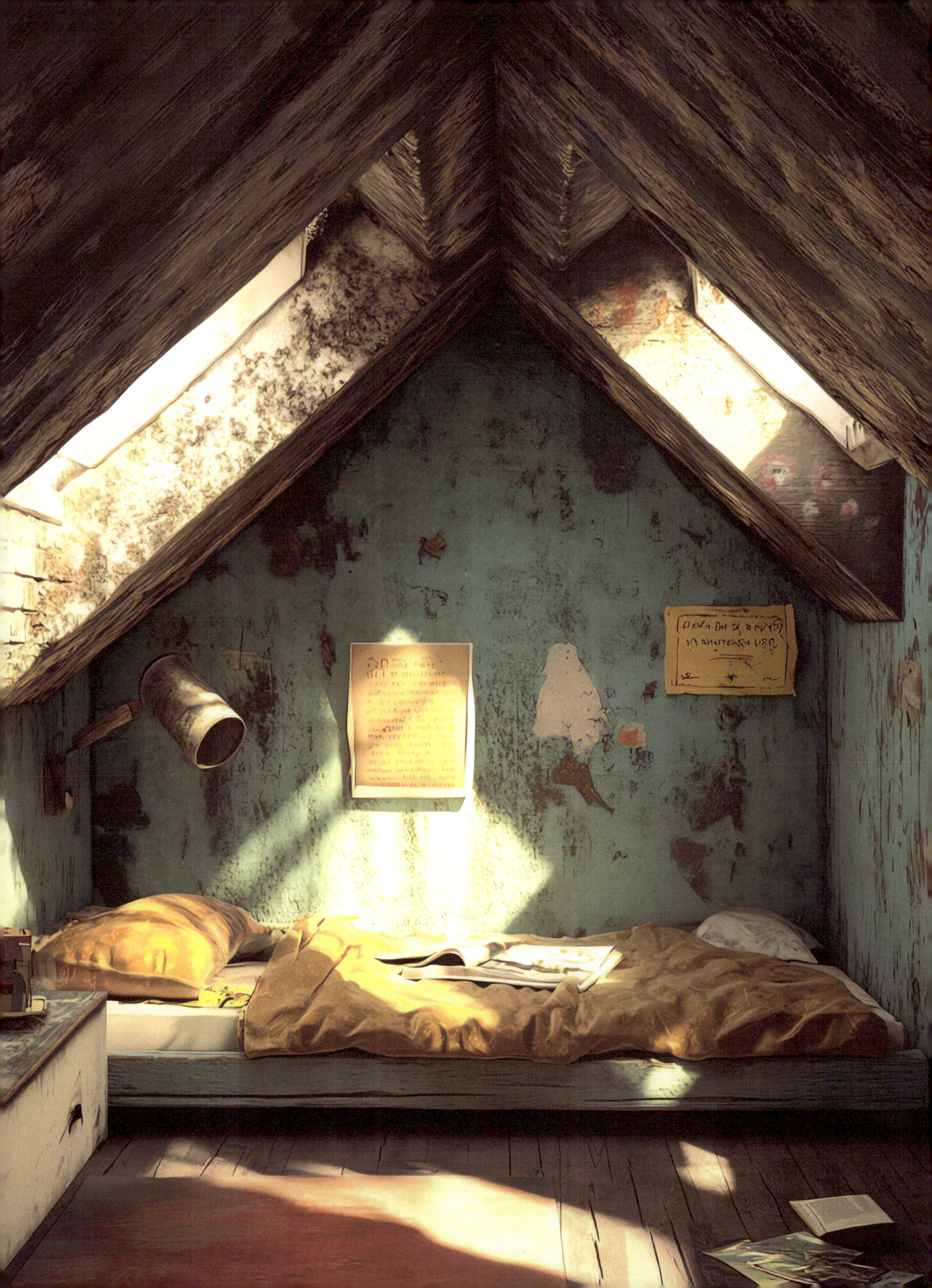

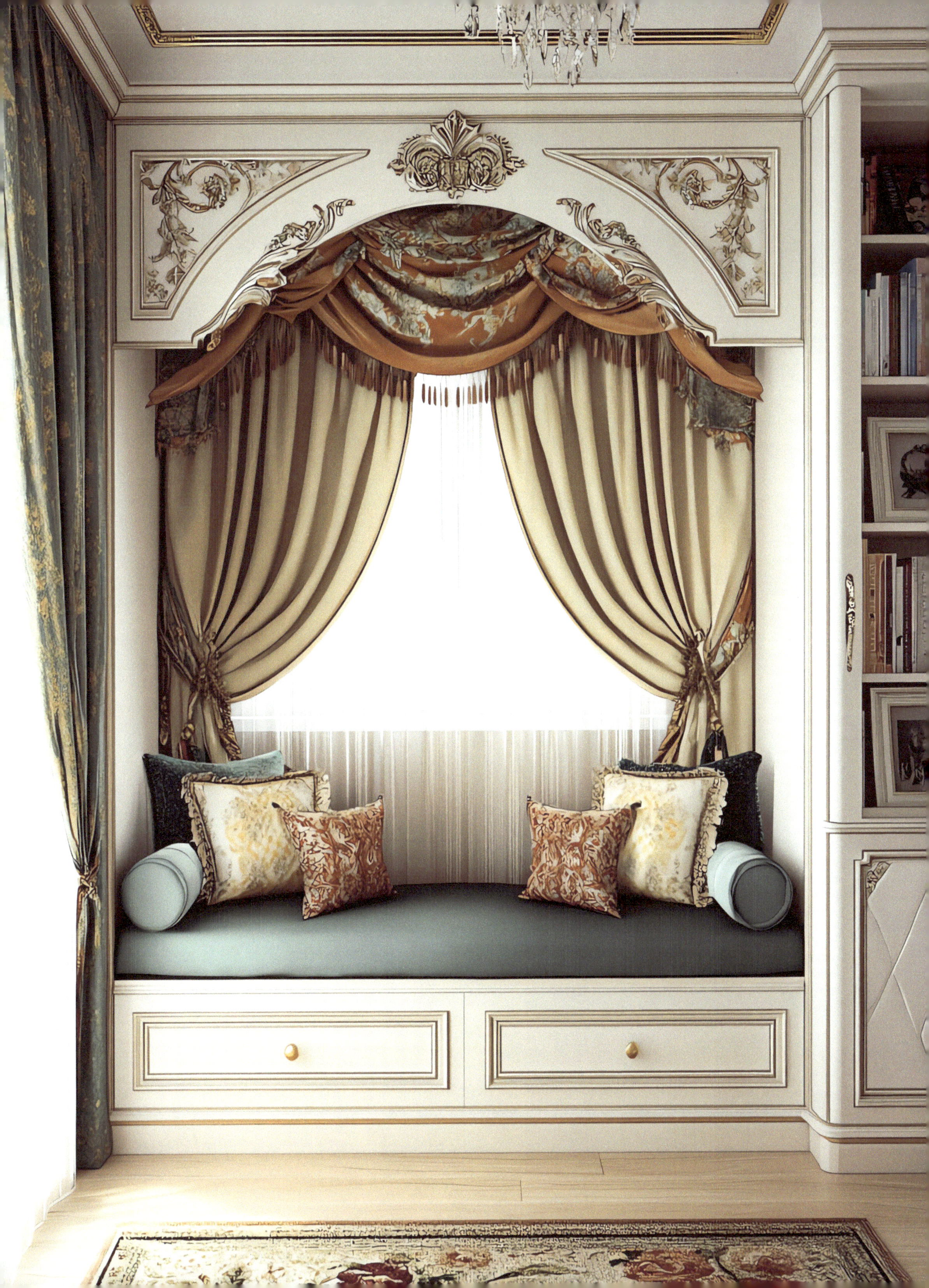

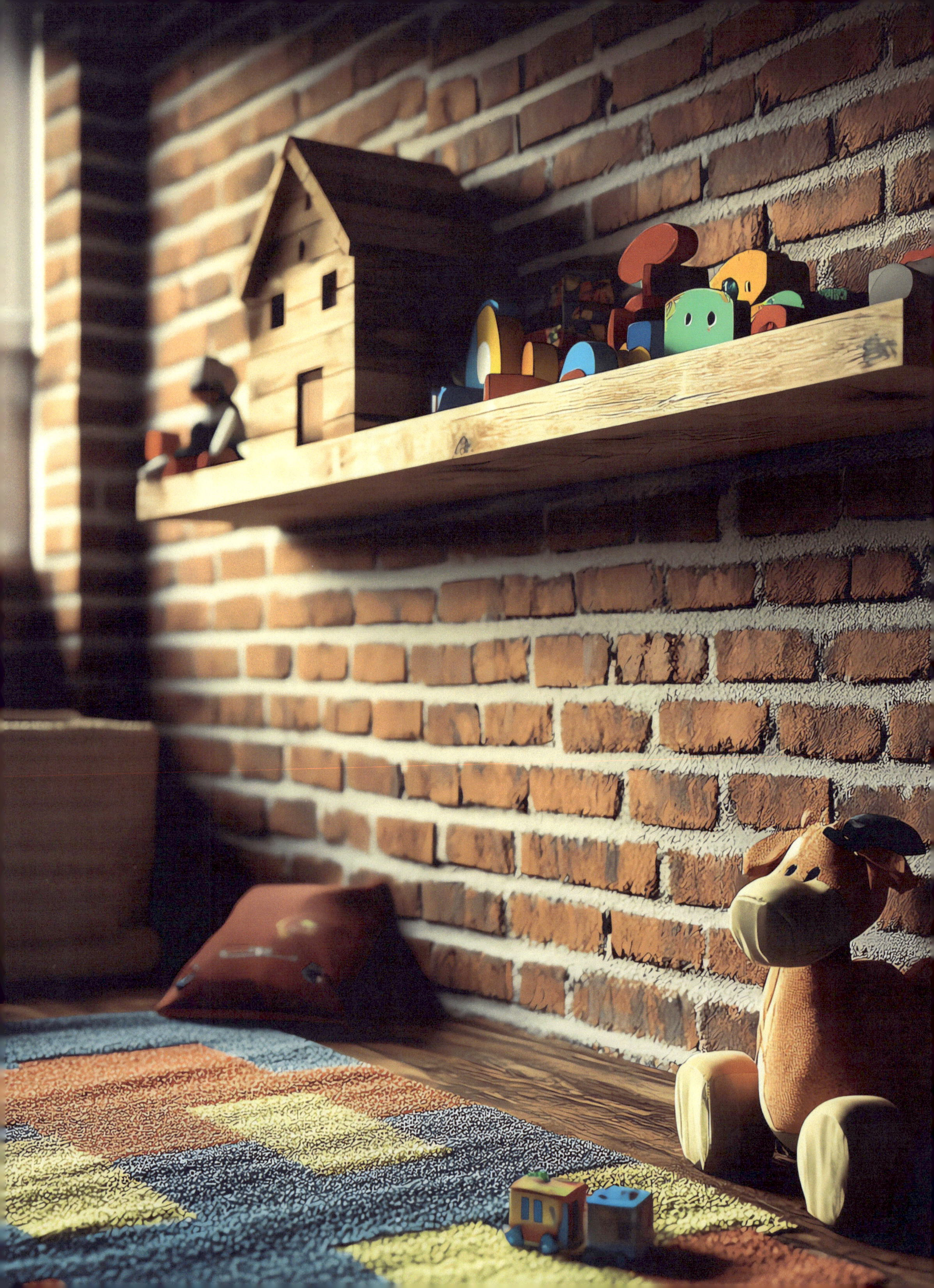

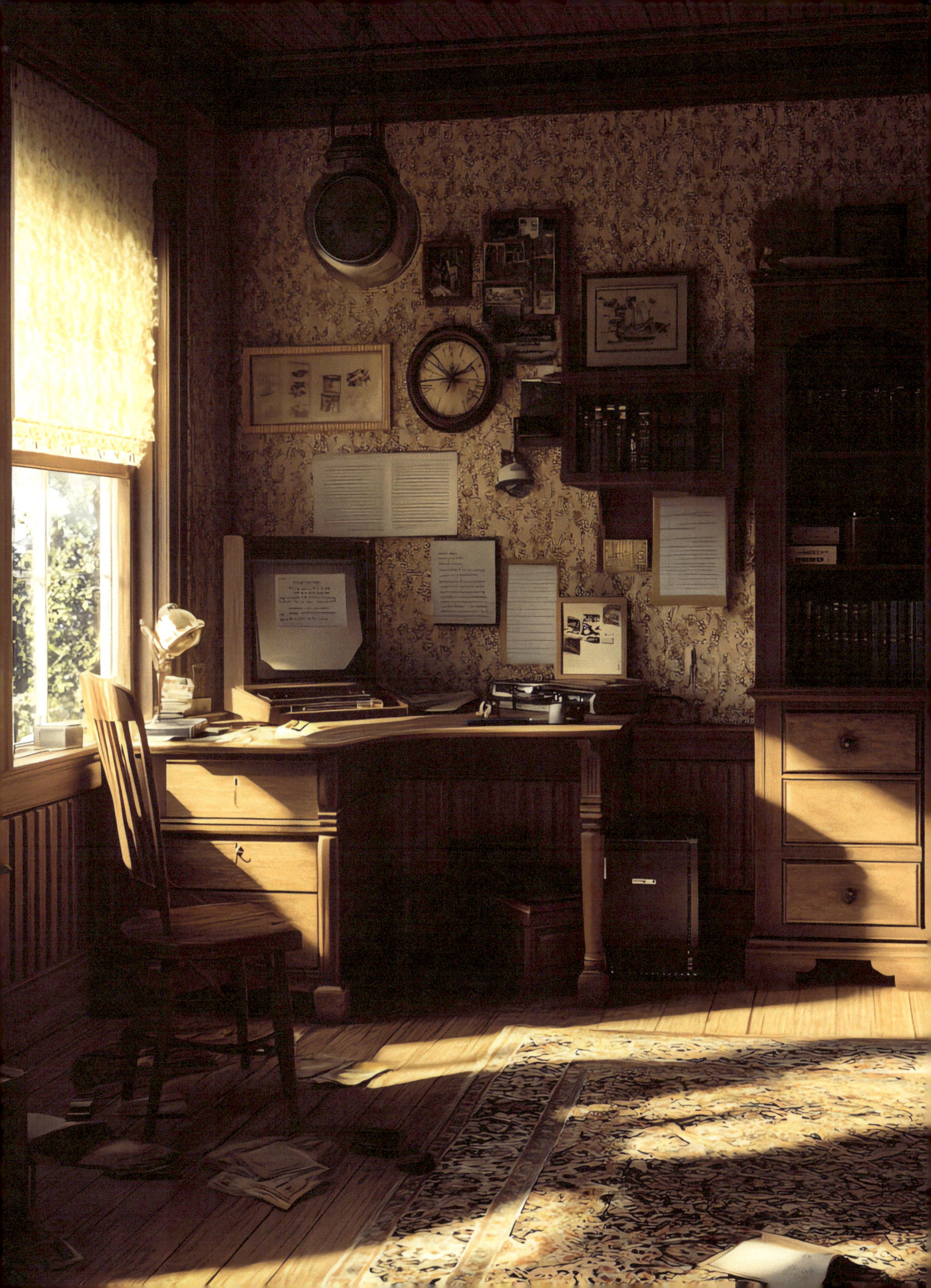

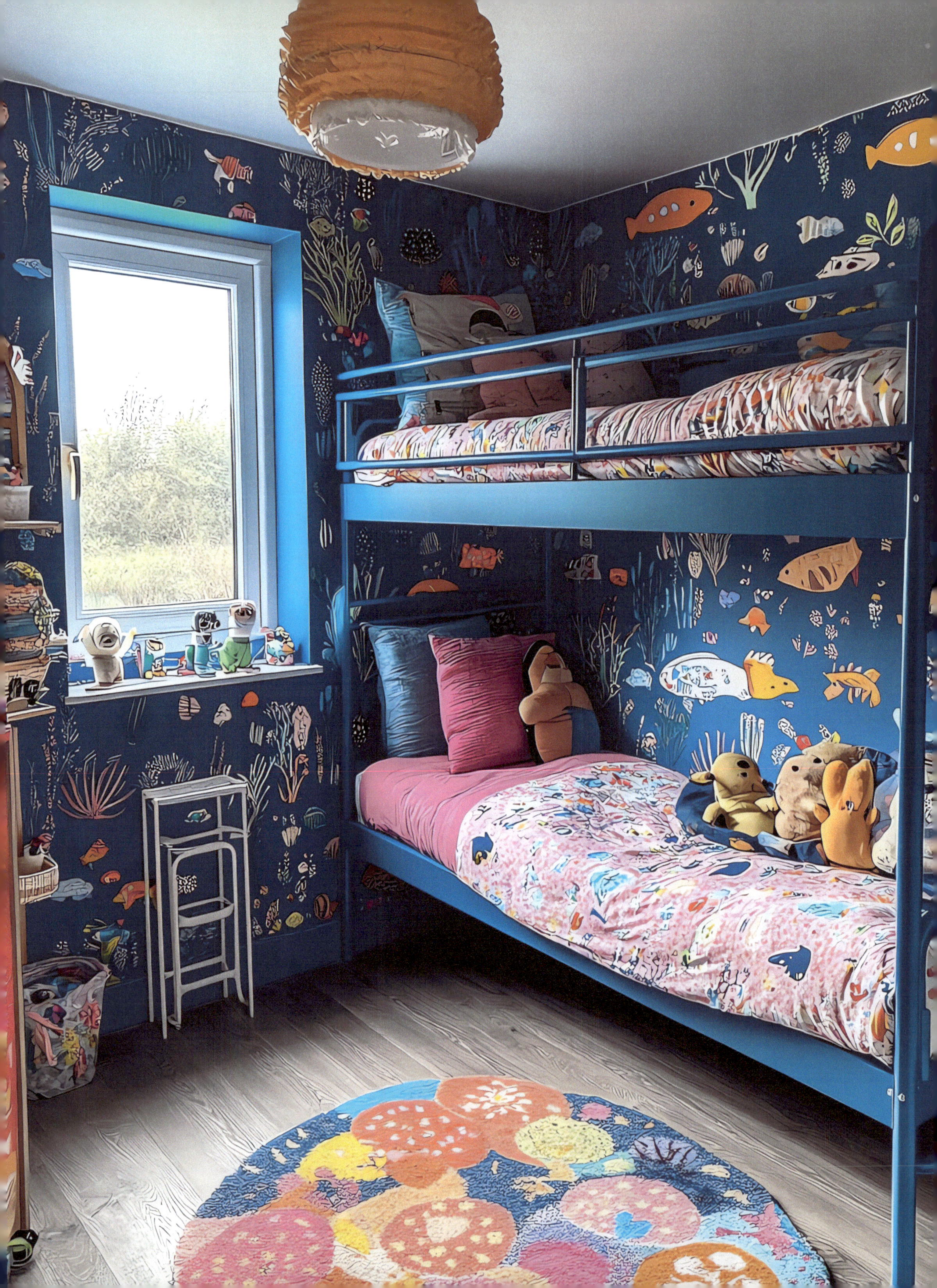

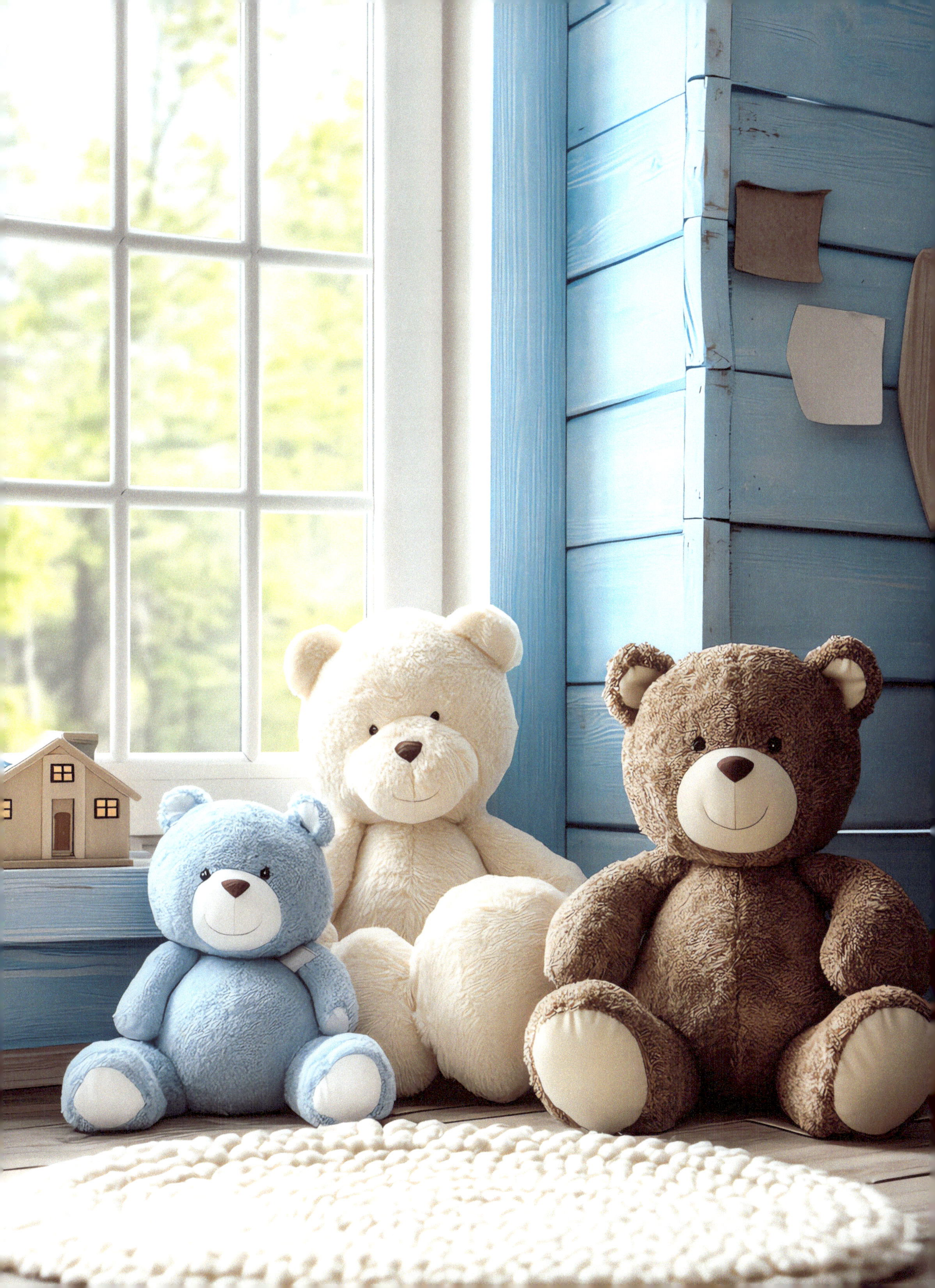

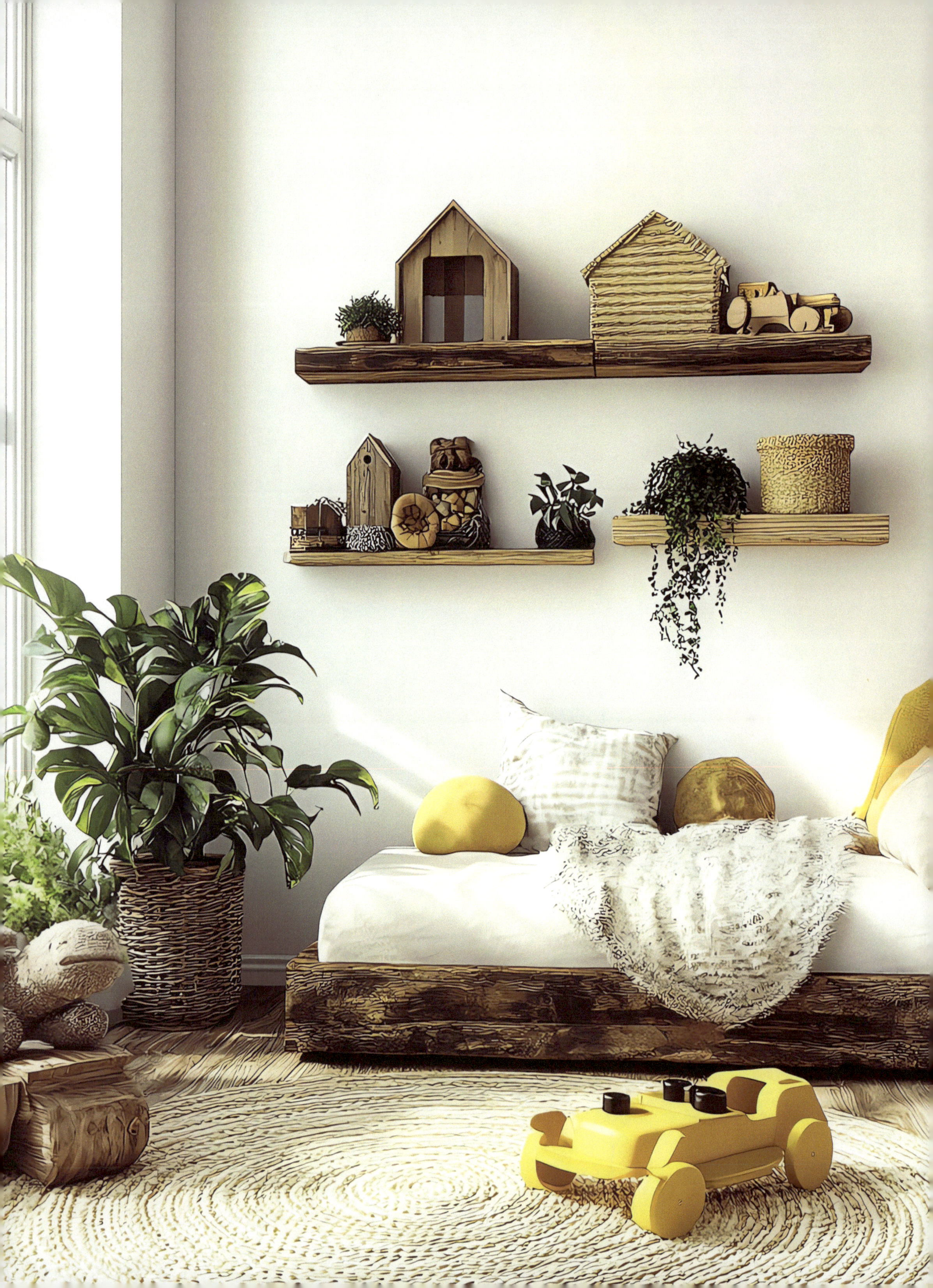

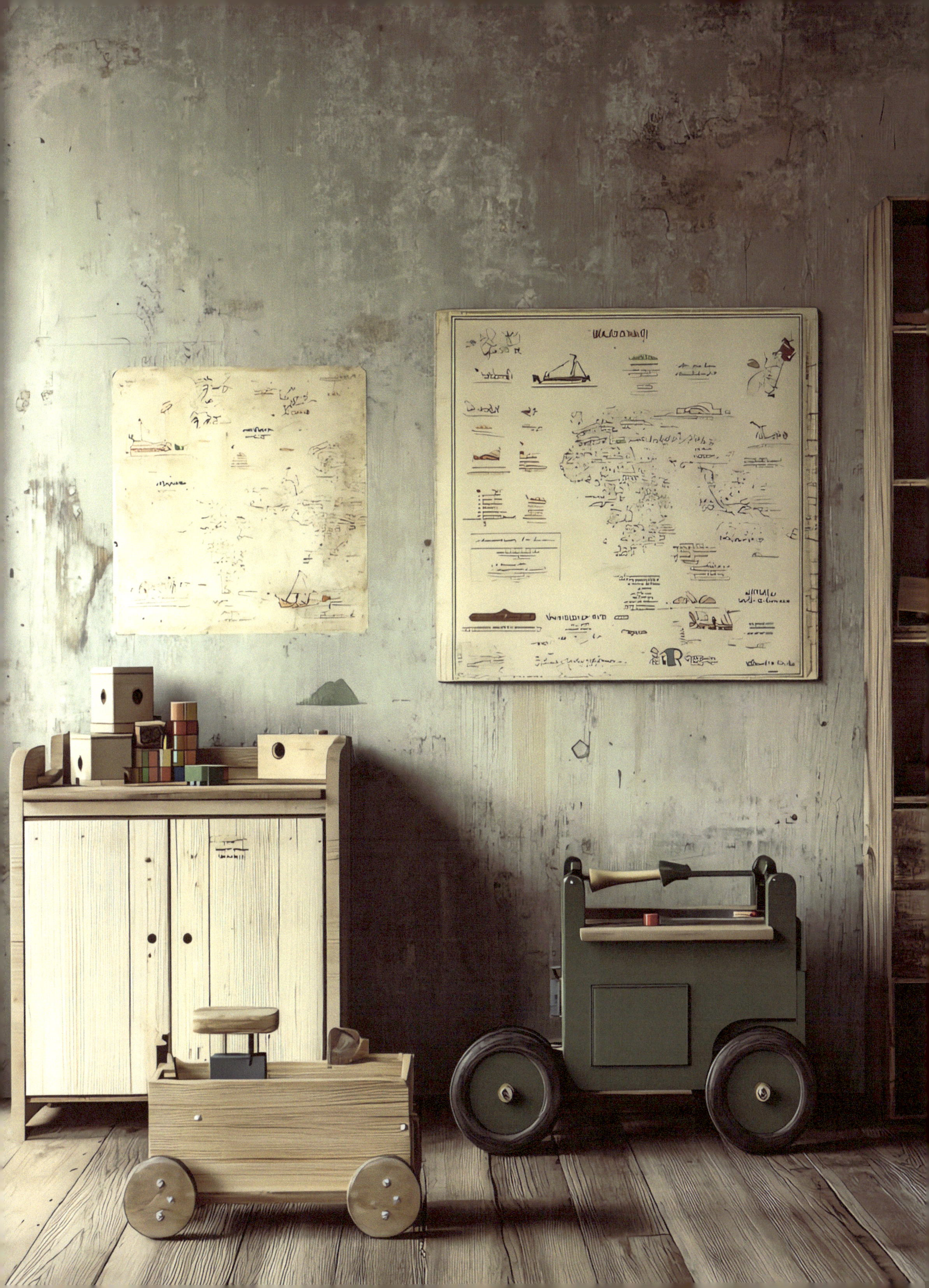

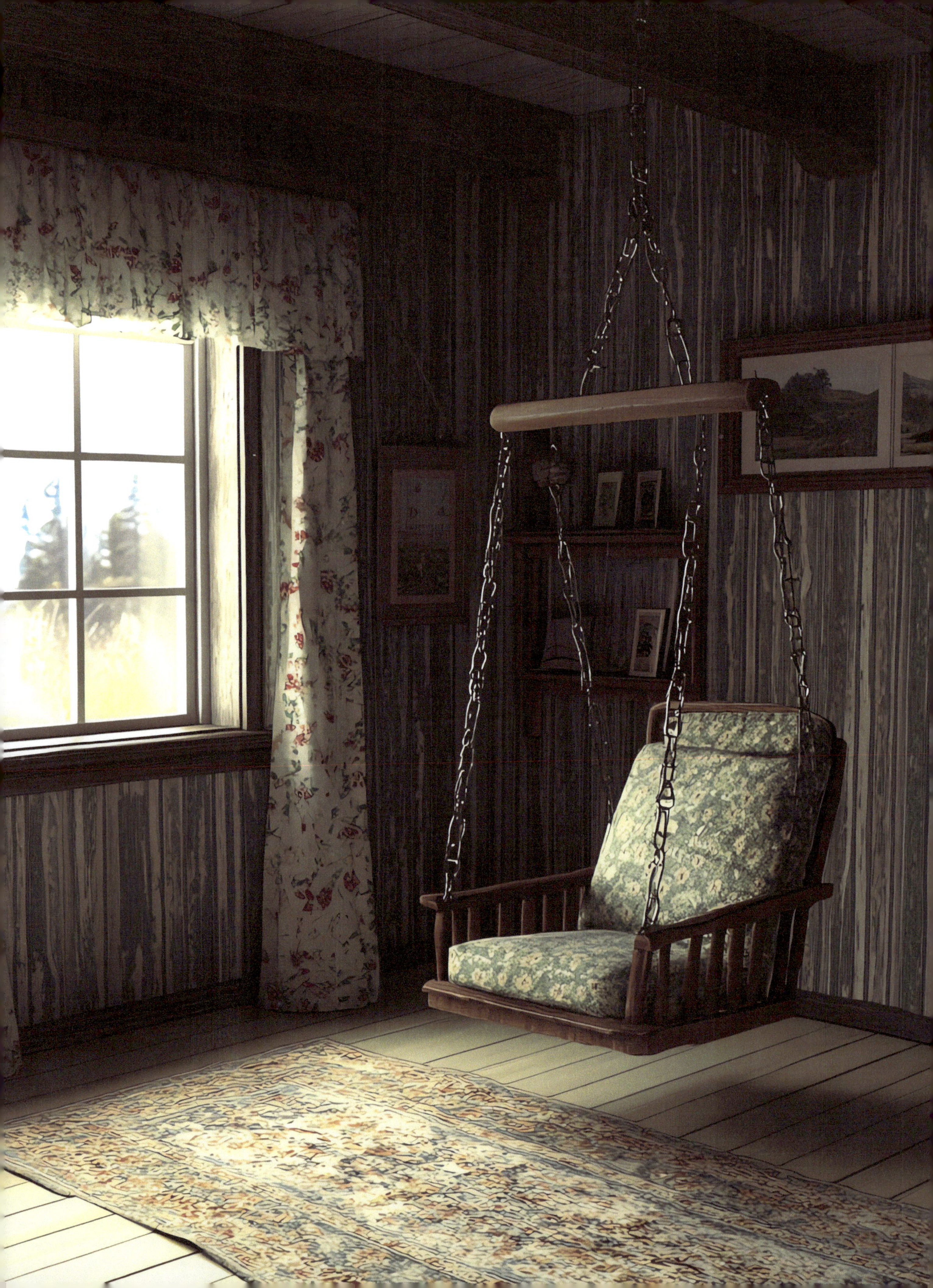

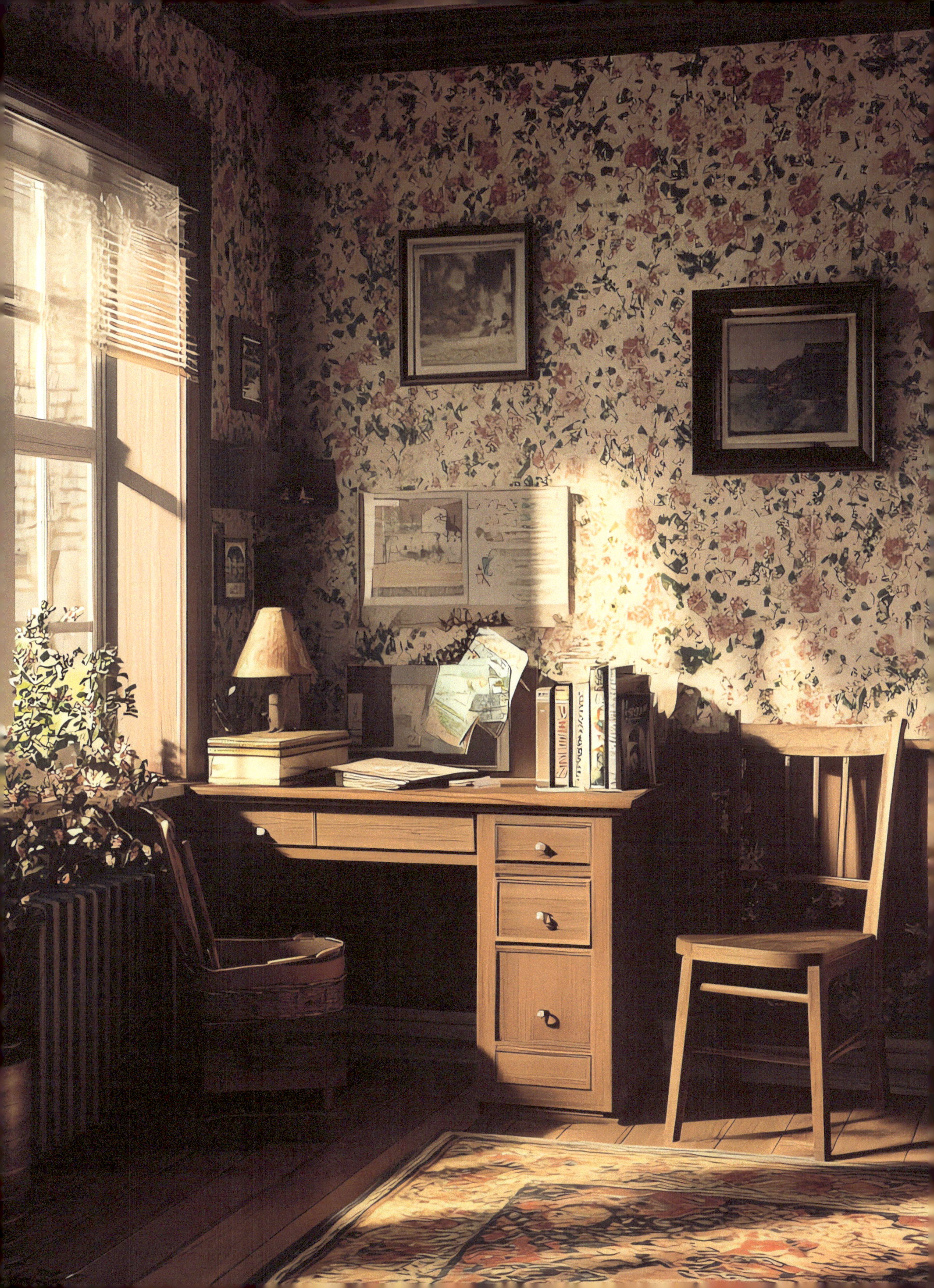

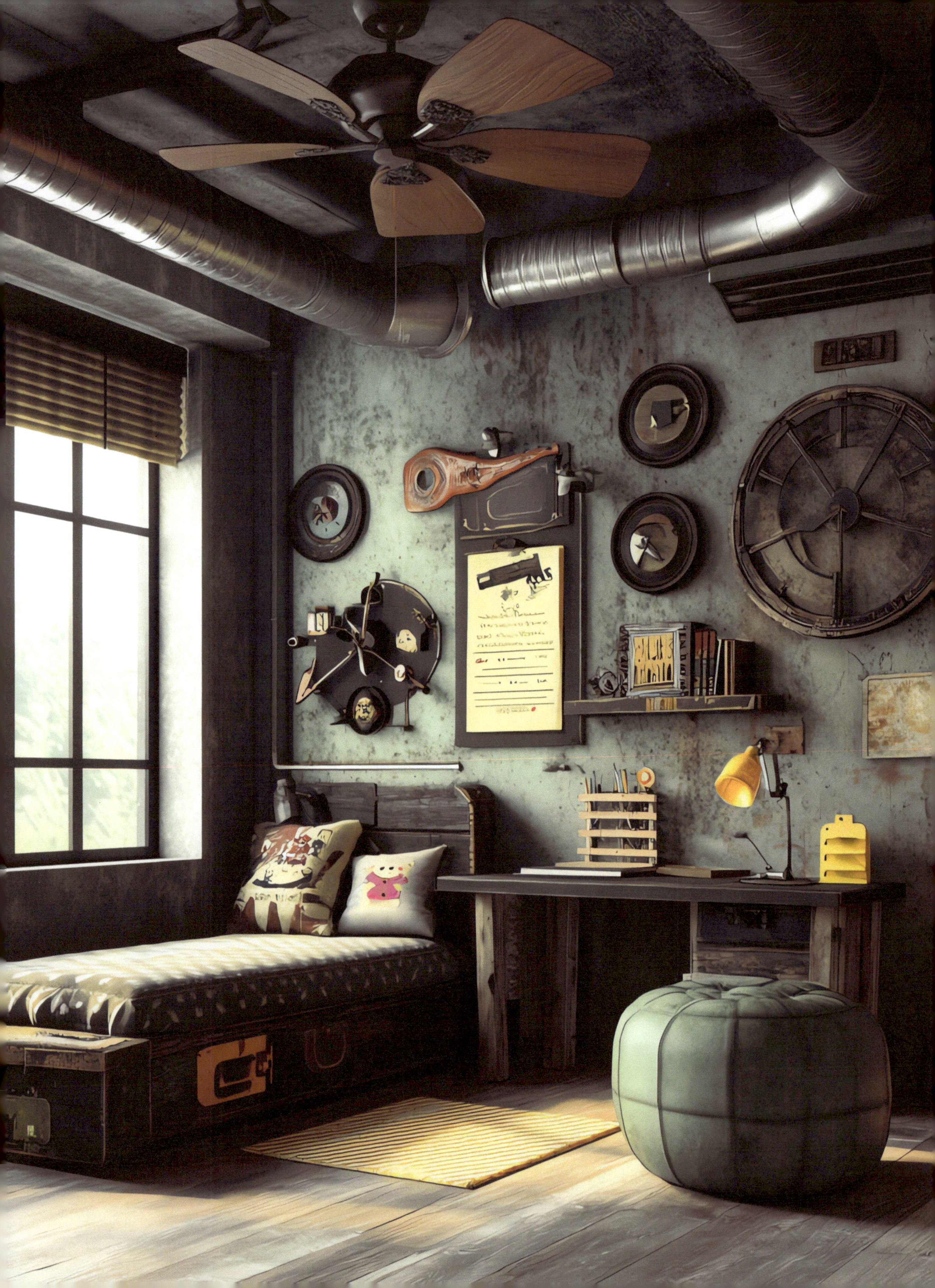

www.ingramcontent.com/pod-product-compliance
Lightning Source LLC
Chambersburg PA
CBHW040449220526
45473CB00004B/1576